Os 7 PODERES
O BRASIL NO SÉCULO XXI

LUIZ PHILIPPE DE ORLEANS E BRAGANÇA

Os 7 PODERES

O BRASIL NO SÉCULO XXI

Apresentação de Alexandre Garcia

SÃO PAULO | 2024

Copyright de tradução e edição © 2024 – LVM Editora

Direitos de imagens da capa | The Miriam and Ira D. Wallach Division of Art, Prints and Photographs: Art & Architecture Collection, The New York Public Library. "Revolutionnaires. Paris 1793-94. D'ap[rès] les estampes du temps. Membre de la commune. Geolier a la tour du temple. Suppot des comités. Sectionnaire battant la generale". The New York Public Library Digital Collections. 1869.

Os direitos desta edição pertencem à LVM Editora, sediada na
Rua Leopoldo Couto de Magalhães Júnior, 1098, Cj. 46
04.542-001 • São Paulo, SP, Brasil
Telefax: 55 (11) 3704-3782
contato@lvmeditora.com.br

Gerente editorial | Chiara Ciodarot
Editor-chefe | Marcos Torrigo
Preparação de texto | Júlia Moreira
Revisão ortográfica e gramatical | Diego Perandré
Projeto gráfico | Mariangela Ghizellini
Diagramação | Décio Lopes

Impresso no Brasil, 2024

Dados Internacionais de Catalogação na Publicação (CIP)
Angélica Ilacqua CRB-8/7057

B794p	Bragança, Luiz Philippe de Orléans
	Os 7 poderes: o Brasil no século XXI / Luiz Philippe de Orléans e Bragança. - São Paulo: LVM Editora, 2024.
	192 p.
	Bibliografia
	ISBN 978-65-5052-214-8
	1. Ciência política I. Título
24-2812	CDD 320

Índices para catálogo sistemático:
1. Ciência política

Reservados todos os direitos desta obra.
Proibida a reprodução integral desta edição por qualquer meio ou forma, seja eletrônica ou mecânica, fotocópia, gravação ou qualquer outro meio sem a permissão expressa do editor. A reprodução parcial é permitida, desde que citada a fonte.
Esta editora se empenhou em contatar os responsáveis pelos direitos autorais de todas as imagens e de outros materiais utilizados neste livro. Se porventura for constatada a omissão involuntária na identificação de algum deles, dispomo-nos a efetuar, futuramente, as devidas correções.

SUMÁRIO

11 | APRESENTAÇÃO
Alexandre Garcia

17 | INTRODUÇÃO

21 | 1. O QUE ESTÁ POR VIR NO SÉCULO XXI
21......Início do fim
26......¡Viva la revolución!
30......Nova moeda, nova geopolítica e falta de liderança dos EUA: entenda os novos movimentos "tectônicos"
33......Velha Esquerda versus Nova Esquerda
36......BRICS e globalistas: jogo duplo contra o Brasil
40......Trump e o cartel mundial

43 | 2. POLÍTICA EXTERNA
43......Perdido na política externa
46......Precisamos da Rússia?
49......Antissemitismo e impeachment

55 | 3. A ESQUERDA NA AMÉRICA LATINA

55......Parlamento da ditadura

59......A esquerda na AL vai de mal a pior

61......Argentina de Perón versus Milei

68......Ninguém mexe com o peronismo

72......Capitalismo progressista, só outro nome para socialismo

74......Traficantes e terroristas

77 | 4. O MÉTODO DO PROBLEMA

77......Por que o governo não está nem aí para o mercado?

79......A porta dos fundos para o poder absoluto

82......STF: O Poder Violador

87......A transição para ditadura

91......Gabinetes do ódio: de MAVs a Mynd8

94......STF ou Conselho Permanente?

100......Os terroristas já estão aqui

102......STF versus Legislativo: ventos de revolução no ar?

109 | 5. TRIBUTOS E GASTOS: PRIMEIROS PASSOS PARA O TOTALITARISMO

109......Começaram errando

112......Mais gastança, mais impostos

116......Caímos na armadilha: 15 razões para rejeitar a reforma tributária do governo – e que foram ignoradas

120......O maior desvio de todos

124......Novo PAC = velhos problemas

127 | 6. O QUE É A DIREITA?

- 127......Forças Armadas, fracas e desarmadas
- 130......O fim da direita tradicional
- 134......A direita socialista
- 141......Brasileiro adora burocracia
- 146......Por que o Estado social é ruim?
- 147......Antidemocracia versus anti-instituição
- 150......Chega de Constituição socialista

155 | 7. NOVOS RUMOS

- 155......O Estado no contexto do século XXI
- 157......Os 7 Poderes: quais são as forças que agem sobre o sistema político?
- 165......A única saída: soberania popular
- 170......Sete de Setembro é o seu dia!
- 172......Guia contra a ditadura
- 178......As consagrações do Brasil

183 | CONCLUSÃO: FALTA A QUEM SE ENVERGONHAR

APRESENTAÇÃO

No ano em que nasci, 1940, Stefan Zweig, escritor austríaco consagrado no mundo, se refugiou no Brasil para escapar do Holocausto. Apaixonado pelo país, escreveu *Brasil, País do Futuro*, best-seller traduzido para dez idiomas. O título do livro virou epíteto nacional. Desde criança ouço, como uma profecia, "Brasil, país do futuro". O augúrio me acompanhou durante a adolescência, mocidade, idade adulta. E agora, mais de oitenta anos depois, percebo que esse futuro ainda não chegou. Quando está próximo, tratamos de espantá-lo, voltando ao passado, como se não o merecêssemos. É desse país do futuro, que se prende ao passado, que Luiz Philippe trata neste livro.

Esta obra, como as suas anteriores, traz luz onde a maioria de nós tateia na obscuridade. Durante a leitura das próximas páginas, imagino quantas vezes sua mente, caro leitor, estará reagindo com um "Eureca!, eureca!". É como uma aula de anatomia a analisar as entranhas deste país-continente rico em diversidade, gigante em potencial, mas ainda carente na sua natureza humana. Talvez imaginemos, limitados, que país se resume a um mapa, um hino, uma bandeira, uma constituição, quando o país de verdade somos nós, brasileiros.

Mas pensar, estudar, aprender, conhecer, descobrir, melhorar, são considerados mais trabalhosos que se divertir com qualquer bobagem. E vamos camuflando infelicidade e falta de bem-estar. Um país gigante em que ainda é preciso ensinar o que é cidadania e insistir que se deve exercer o poder muito além e aquém do voto. Deixando a passividade para sermos cidadãos ativos, poderemos enfim descobrir a paz social.

D. Luiz Philippe é o primeiro e único dos Bragança a ocupar um cargo político desde que seu tetravô Pedro II foi derrubado pelo golpe que instituiu a República (com a completa alienação do povo, aliás). Ele não está satisfeito com a ciclotimia do período republicano e sugere mudanças pela estabilidade. Só no meu período de vida testemunhei a derrubada do ditador Getúlio (quando assumiu por três meses o presidente do Supremo, José Linhares), seguida da eleição de seu ministro da Guerra, o General Dutra. E então a volta do ex-ditador pelo voto. Acompanhei, dispensado da aula, o suicídio de Getúlio porque seus seguranças haviam tentado matar um jornalista e acertaram num major da FAB.

Logo, uma sucessão de pequenos golpes e contragolpes, tirando, sucessivamente da presidência o vice Café Filho, o presidente da Câmara, Carlos Luz, até que um general, Henrique Lott, no dia do aniversário de meus quinze anos, mobilizou-se para que o senador Nereu Ramos (nascido no Império) ficasse dois meses como presidente, até a posse do presidente eleito, Juscelino — que anistiou oficiais da Aeronáutica rebelados em dois eventos na Amazônia. O presidente seguinte — Jânio Quadros (meu primeiro voto) — renunciou sete meses após a posse; seu vice, vindo de outra chapa, João Goulart, era de esquerda e estava na China de Mao. Para assumir, teve de aceitar a mudança de sistema presidencial para parlamentar. Não durou.

Logo um plebiscito devolveu a chefia de governo a Goulart, que foi derrubado por um movimento cívico-militar para evitar nova mudança de regime, pró-soviético, em plena guerra fria. Os militares ficaram quase vinte anos. Aí vi Tancredo ser hospitalizado no dia da posse; Sarney assumindo no lugar do presidente da Câmara, que deveria convocar eleições diretas em noventa dias. Depois veio Collor, impedido trinta meses depois, com mandato completado pelo vice Itamar. Seguiu-se um período em que a menos-esquerda do PSDB formava bipolaridade com a mais-esquerda do PT, até o impedimento de Dilma, substituída pelo vice Temer.

Foram 22 anos contínuos de esquerda, ante o silêncio de uma maioria conservadora e liberal, mas sem ânimo de rua nem de voz. A maioria dormitava. Em 2014 Luiz Philippe fundou o movimento "Acorda, Brasil". O Mensalão, e depois a Lava-Jato, também acordaram o Brasil. Bolsonaro começou sua peregrinação, soprando a brasa dormida dos jovens, das donas de casa, da classe média e do povão. Foi eleito presidente e passou a mexer nos privilégios, reservas, cartórios, feudos, no estado patrimonial de castas. Parecia que o país da impunidade se livraria do ônus de impostos para sustentar o que o ministro Gilmar chamou de "corrupção institucionalizada".

Mas não. Permitimos que o país continuasse ciclotímico. Lula foi condenado e preso e depois descondenado e feito presidente de novo. Sentenças foram anuladas, multas suspensas para que tudo voltasse ao "normal". Mas agora as ruas e praças estavam ocupadas pelo mundo digital. A voz do povo passou a ir além dos comícios. A mídia tradicional perdia seu monopólio para mostrar os fatos como deseja que sejam. A mentira passou a ser desmentida na hora pelas redes sociais. Cada cidadão ganhou voz. Decibéis vocais agora são megabytes sociais.

O sistema que desfruta do poder soma uma elite burocrática, uma força política — baseada em indivíduos, mais que em partidos — e uma elite sindical, de patrões e empregados. Esse sistema nunca aceitou que o poder emana do povo, por meio da eleição de seus representantes ou diretamente dele; e que o Estado está a serviço da nação, e não de um partido; nunca acreditou que o Estado existe para prestar bons serviços públicos e que o dinheiro não é público, mas do público; que os servidores não são públicos, mas do público, e por isso não podem ter privilégios além daqueles que lhes garantam o cumprimento de suas funções.

Pessoas que nunca pensaram que os que detêm mandato — prefeitos, governadores, presidente, deputados, senadores, vereadores — são chamados de mandatários porque têm mandantes; e o mandante é o povo, o que sustenta a burocracia oficial com impostos diretos e indiretos e o que nomeia pelo voto os que têm mandato. Povo que tem direito e dever de criticar, opinar, fiscalizar, cobrar.

Para que tudo fique "como dantes no quartel de Abrantes", tentam atemorizar para calar as vozes digitais, que estão atentas por toda parte. Já se pergunta o que fazem com nossos impostos. Mas ainda é preciso aprender a perguntar mais, inquirir. Quando quer se impor uma liberdade relativa, vive-se em democracia relativa, que é tirania relativa, como o carro semi-novo, que está semi-velho.

Já temos lei para calúnia, injúria, difamação, proteção à privacidade, mas querem restringir a liberdade da rede social e calar a voz da origem do poder. A questão é política. É dominação. É manter o povo alienado. Por isso Gramsci domina o ensino. A rebeldia democrática está nas redes sociais. Por isso querem calar as redes sociais, onde se digladiam, sim, a verdade e a mentira, como tudo na humanidade. A voz digital das redes é a democracia contemporânea, a ágora digital e ampla. Quando o povo entender como deve funcionar um Estado e assumir todos os deveres e direitos da cidadania, enfim cairemos numa democracia.

Nesses 84 anos testemunhei incertezas, instabilidades, alternando esperança e frustração. Já realizamos o milagre brasileiro na economia no início dos anos 1970; hoje o agro também faz milagres, mas ainda não conseguimos a libertação da oligarquia, da burocracia, da alienação. Para entender, leia este livro impregnado da lucidez de Luiz Philippe. Sei que você também vai sentir o que sinto: uma imensa admiração pela mente desse brasileiro.

Quando fiz meu livro *Nos Bastidores da Notícia*, fui procurar, para fazer o prefácio, alguém que, antes de o leitor chegar a meu texto, valorizasse o que seria lido, conferindo ao livro a grandeza que lhe faltava. Raquel de Queiroz, a primeira mulher na Academia de Letras, deu-me essa honra e afiançou que valia a pena a leitura.

Aqui é o contrário; eu é que sou engrandecido, valorizado e honrado, ao ser convidado para apresentar um livro do lúcido, brilhante, exemplar brasileiro, D. Luiz Philippe de Orleans e Bragança, eventualmente deputado federal reeleito por São Paulo. Seus livros anteriores têm sido uma inspiração para mim, como foi a leitura prévia deste *Os 7 Poderes*.

Alexandre Garcia

INTRODUÇÃO

Todas as sociedades que são influenciadas e organizadas pelos conceitos do Ocidente vivem o fim de um ciclo civilizatório iniciado há quinhentos anos. É o crepúsculo de ideias iluministas que tiveram sua primavera com o Renascimento, viveram seu verão nos séculos XVIII e XIX com diversas revoluções e levantes, passaram por seu outono nas guerras mundiais do século XX e vivem seu inverno na petrificação da burocracia no século XXI.

Para entender melhor esse contexto é necessário fazer uma breve revisão da história.

No século XV, o Ocidente testemunhou o renascimento de conceitos da antiguidade, iniciando um processo de disputa com os conceitos cristãos, que, por mais de mil anos, desde o fim do Império Romano, ajudaram a formar a realidade cultural, política, social e econômica na Europa.

Nos séculos XVI e XVII, o Iluminismo tomou conta do campo filosófico e introduziu vários conceitos como Liberalismo, Socialismo, Comunismo, Anarquismo, Nacionalismo, todos em contraposição aos reis cristãos, herdeiros da civilização após o colapso do Império Romano. Eram arquitetos de uma nova primavera, de uma nova civilização, não mais dirigida por herança, tradição, valores, divindade, mas pelo voto da vontade popular.

Nos séculos XVIII e XIX, as novas ideias iluministas entram em confronto aberto com os reinos e impérios cristãos. É o período de embate entre as novas ideias e os modelos tradicionais de reinados e impérios cristãos, que viviam o seu crepúsculo invernal; as premissas tradicionais mantenedoras dos símbolos e instituições não eram mais aceitas universalmente e uma parcela expressiva lutava pela introdução das novas ideias iluministas.

No século XX, vimos o fim de muitos reinos e impérios cristãos, já distantes de suas sociedades e engolidos pela crescente burocratização das instituições. Os conceitos iluministas tomam controle das instituições de Estado, substituindo totalmente a elite aristocrática por uma burocracia anônima e tecnocrática. Essas novas burocracias passam a ser lideradas pelos novos césares, populistas vindos das massas, mas agora com poder amplificado pela burocracia de Estado passam a protagonizar embates mundiais. De todas as novas formas de governo que surgiram, o modelo fascista foi o mais predominante; tanto por involução do modelo liberal quanto pela evolução do modelo comunista. Foi o século que mais se matou na história da humanidade.

No século XXI, o Ocidente vive o fim do ciclo iniciado há quinhentos anos. As ideias iluministas, todas elas com intento de criar mais centrismo no ser humano e na vontade popular, serviram somente para criar uma burocracia de Estado feroz que faz exatamente o oposto. Os modelos liberais, por meio de seus *deep states*, tornaram-se modelos fascistas ao mesmo tempo que os modelos ditatoriais totalitários criados no início do século XX relaxaram seus controles para sobreviver. Hoje os países do mundo são variantes do modelo oligárquico fascista, alguns mais abertos e outros mais fechados. Mas se há alguma esperança é que esse ciclo esteja em seu fim.

O Brasil encontra-se nesse contexto e os sinais de fim de ciclo por aqui estão visíveis por toda parte. É um dos países mais fechados e mais comandados por sistemas burocráticos e que menos tem abertura para contestação popular. É um modelo propício para toda sorte de tirania, seja ela de políticos, burocratas ou juízes, desacreditada por uma parcela crescente da população. As narrativas, os símbolos, os heróis da revolução popular que foram exaustivamente utilizados para eleger populistas são hoje os responsáveis pela opressão da burocracia de Estado, desprovida de qualquer humanidade.

O que virá substituir as premissas desse modelo ainda é incerto. No escopo de possibilidades há a chance dos sistemas em decadência se reinventarem em uma forma de ditadura tecnocrática muito mais dominante, como há também a chance de um rechaço popular contra os sistemas em prol de uma soberania popular mais verdadeira e direta. Há também toda sorte de possibilidades híbridas entre esses dois extremos.

O que vai definir o resultado é a combinação de três fatores: o nível de consciência do momento em que vivemos; o nível de organização das diversas forças que compõem uma alternativa; e a aptidão de exercer força coercitiva sobre o todo. Enquanto não iniciarmos um debate acerca da visão e das ideias que substituirão as atuais, o modelo moribundo continuará em seu ciclo final.

No caso do Brasil, o debate das alternativas concentra-se mais fortemente na sociedade, e não no poder público. E é para estimular esse debate que organizamos este livro. Os 7 Poderes é uma compilação de artigos de minha autoria publicados ao longo do ano de 2023 e parte de 2024. Selecionados, atualizados e editados, cada capítulo/artigo vai além de interpretar os fatos ocorridos nesse período. O livro discute o contexto em que vivemos e ao mesmo tempo sugere a organização política necessária para sobreviver ao século XXI com soberania, sem tirania de Estado, com representatividade e estabilidade, reconhecendo e contemplando as diversas forças políticas que, de uma forma ou de outra, sempre estarão presentes. Boa leitura!

1.
O QUE ESTÁ POR VIR NO SÉCULO XXI

INÍCIO DO FIM

As teorias de ciclos existem desde a Grécia antiga, e vários autores descrevem a história das civilizações analisando tais teorias e enfrentando o desafio de explicar como os ciclos se repetem. Em 1918, Oswald Spengler conseguiu prever, ao analisar ciclos históricos de longuíssimo prazo, situações políticas que acontecem nos tempos atuais. O livro de minha autoria, Por que o Brasil é um país atrasado?, menciona o Kyklos, de Platão e aprimorado por Políbio, e um ciclo brasileiro que se formou durante as tentativas de se estabelecerem repúblicas ao longo do século XX, alternando o poder de populistas e oligárquicos.

O padrão que se repete no início e no fim das cinco grandes etapas históricas nos últimos 2.500 anos pode servir de prelúdio para nosso futuro. Em síntese, o início de cada ciclo é virtuoso e o fim, repleto de vícios. Os três primeiros ciclos se caracterizaram pela ascensão e queda do Império Greco-Romano:

Primeiro ciclo: o início do primeiro ciclo é caracterizado pela formação da cultura grega no Peloponeso e da cultura etrusca na península itálica por volta do século X a. C.. Foram criadas as primeiras cidades-estado, e também surgiram os primeiros reis e tiranos. O fim dessa etapa ocorre quatrocentos anos depois, no século VI a. C., tanto em Atenas quanto na península itálica. Os atenienses se revoltaram contra a tirania de Iságoras, um magistrado corrupto e imoral, que servia mais aos espartanos do que aos atenienses, e instauraram a democracia. Em Roma, os fazendeiros se levantaram contra os monarcas etruscos que, hedonistas e entorpecidos por sua superioridade cultural, abusavam de seu poder. Os fazendeiros romanos revoltosos de então criaram uma república.

Segundo ciclo: a República Romana, formada inicialmente por fazendeiros que, contrários a qualquer concentração de poder, formaram um senado de patrícios com dois cônsules eleitos anualmente. O sistema era firmemente calcado em valores marciais, sendo que quase todos os senadores haviam lutado nas batalhas contra os reis etruscos. A República Romana cresceu e incorporou Atenas e demais cidades do Peloponeso, além de vastos territórios na península itálica e Europa. Entretanto, quatrocentos anos depois, o Senado já não era mais o mesmo. Os patrícios se tornaram a minoria e a maioria era de senadores corruptos e distantes dos valores que formaram a república. Os senadores negavam pagamento aos exércitos e não se importavam com o bem comum; usando seu status e poder em benefício próprio. Levantes populares e tentativas de golpe se tornaram constantes e a república se tornou oclocracia (governo de facções).

Terceiro ciclo: eis que em 27 a. C. surge um líder para restabelecer os valores da República Romana: Otaviano. Ele se transforma no primeiro imperador romano, por aclamação das diversas facções. Por ironia, ele era um "imperador republicano", que não se considerava imperador, mas sim o primeiro cidadão ou "princeps" — incutindo este título como valor primordial do Império Romano. Ele inicia um ciclo virtuoso restabelecendo a estabilidade, a separação de poderes entre Senado e imperador e a integridade das instituições. Adicionalmente, acabou com o patrimonialismo, moralizou o Senado, extirpou os agentes corruptores, iniciou grandes obras e campanhas militares unificando o império e estabelecendo diretrizes de conduta dentro do sistema imperial que perduraram por vários séculos.

Ao fim desse ciclo, houve a ascensão do cristianismo e seu efeito subversivo do modelo imperial romano. O status quo era calcado firmemente nos deuses romanos e rituais que unificavam e amarravam o sistema de confiança, historicamente reforçado em torno do Senado, dos cônsules e dos imperadores romanos, da Pax Romana, da lei e da civilização romana como um todo. Uma vez que o cristianismo substituiu os valores de base dos romanos no século IV d. C., toda a organização romana entrou em colapso; enfraqueceu-se, corrompeu-se e dividiu-se. Os poderes institucionais passaram a apelar por líderes tirânicos; antíteses dos valores institucionalizados por Otaviano. Foi no período do "Dominato", conceito oposto ao de "Princeps", que se caracterizou a tirania do imperador Diocleciano, o último imperador que precedeu a divisão do império, a perseguição aos cristãos e a invasão dos bárbaros germânicos, causando o fim do Império Romano Ocidental.

Quarto ciclo: do declínio do terceiro ciclo emerge uma onda criadora, uma nova primavera civilizacional: a dos reinos cristãos. Era o século V d. C., início da Idade Média. Nessa era que durou mais de mil anos surgem os mitos e valores cristãos, os reis, seus títulos e territórios abençoados pela Igreja, a expansão da cristandade e das grandes conquistas de territórios além-mar e o nascimento dos impérios. Em contrapartida, ao fim desse ciclo, novos valores foram introduzidos por meio da burguesia e de levantes populares. A Revolução Gloriosa, na Inglaterra, no século XVII e as revoluções norte-americana e francesa no século XVIII vieram para materializar ideias nascidas nos séculos anteriores, antagônicas àquelas formadoras das monarquias tradicionais: a representação por voto popular, e não por unção divina ou por herança. Um governo estabelecido por leis escritas e aceitas, e não por costumes e tradições. A substituição da fé e das crenças por lógica e raciocínio.

É evidente que essas revoluções minaram os valores cristãos do antigo regime, entretanto, a decadência total do reinos cristãos foi protagonizada por Napoleão, um usurpador jacobino que tiranizou toda a Europa, invadiu reinados, aprisionou reis e coroou-se imperador usando os mesmos rituais cristãos reservados a famílias reais fundadoras. Napoleão falsificou sua legitimidade fazendo com que todas as instituições e sociedades europeias aceitassem seus títulos e de seus familiares, como se sempre tivessem pertencidos à nobreza. Os reinos cristãos ocidentais que sobreviveram nunca mais foram os mesmos.

Quinto ciclo: nessa etapa, o modelo republicano surge legitimado por constituições, pela separação e limitação de poderes, pela proteção dos direitos dos cidadãos e pela representação democrática pelo voto. No cerne dos fundamentos da república surge a figura do cidadão; indivíduo livre, nascido com direitos universais, que elege os melhores dentre seus pares para representá-lo. Nesse início virtuoso, observou-se a expansão da propriedade privada, das instituições públicas, do direito, do livre mercado e do comércio global. Há a valorização da nação, do bem comum e da civilização com o despertar da cidadania.

Hoje estamos no fim desse ciclo. Vemos a petrificação das sociedades pela burocracia, o surgimento de grandes metrópoles e sistemas tecnológicos de controle; baixa fertilidade, antagonismo entre a vida rural e a urbana, crises políticas e desconfiança da tecnologia e dos sistemas políticos. Cidadãos foram convertidos em massa consumidora. Representantes da sociedade se transformaram em tiranos. Mais uma vez, assim como Napoleão marcou o fim do antigo regime, o deboche está cada vez mais evidente marcando o fim do quinto ciclo: a eleição de criminosos corruptos no comando absoluto de cidadãos.

O Brasil recentemente elegeu seu equivalente a Iságoras de Atenas, Diocleciano de Roma ou Napoleão da Europa. Isso marca o fim da nossa Sétima República. Mas esse fato não é isolado, pois ocorre o mesmo em todo sistema político que compartilha da mesma história descrita acima: na América Latina, assim como na América do Norte e Europa, esse padrão se repete: um títere tirânico e corrupto é eleito para controlar os cidadãos e servir a interesses externos. Biden, Macron, Trudeau e vários líderes da atualidade validam esse padrão.

Estamos no fim desse quinto ciclo e início de um outro, mas qual será a nova etapa? Já vemos brotar algumas opções: de um lado, uma tirania tecnocrática, anônima, liderada por fantoches visíveis que controlam todas as sociedades através da tecnologia. Essa possibilidade já está em curso com diferentes graus de avanço em vários países. Entretanto, há outro movimento que também cresce: a revolta da cidadania contra a tecnologia, contra os sistemas políticos, contra a supressão da família, da fé, da nação e das liberdades. Essa antítese cresce à medida que a tirania tecnológica avança. Como um teórico da conspiração certa vez afirmou, "à medida que nos aproximarmos da singularidade, do comando central absoluto, atingiremos também o ponto de maior resistência e antagonismo ao regime totalitário, o que pode engatilhar uma grande diáspora, um novo 'big bang' anti-totalitário, pela liberdade".

De volta ao nosso Brasil, acreditarei mais nessa última possibilidade quando voltar a ver a mobilização do povo nas ruas e nas redes sociais, agindo contra a criação dos pilares da nova ditadura. Só uma sociedade organizada consegue derrubar a tirania e encurtar o período de decadência total, como pode ser verificado ao longo da história. Mas para que isso aconteça precisamos de mais cidadãos com consciência do momento em que vivemos. Henry Kissinger, em entrevista sobre como evitar ou encurtar as etapas negativas dos ciclos, disse: "Para reverter uma tendência é necessário mais que uma proclamação; é importante compreender qual é a tendência para que se consiga revertê-la". Eu sei o que está por vir se a sociedade não se organizar nem voltar a se mobilizar, e você?

¡VIVA LA REVOLUCIÓN!

É possível mudar o sistema político por fora? Ou será que os sistemas políticos só mudam por conta própria quando entram em falência ou se deparam com algum impasse? Essas perguntas só fazem sentido quando o sentimento geral sobre as instituições públicas é de descrédito total. Some-se a isso a evidência de estarem sendo geridas por agentes incompetentes e criminosos, e a revolta aumenta.

Então, temos uma situação revolucionária? Para uma parcela da população, sim. Tratarei desse tema em capítulo posterior, intitulado "STF versus Legislativo: ventos de revolução no ar?", mas antes precisamos entender se esse tipo de levante popular tem chances de mudar efetivamente o sistema ou se apenas mudam seus agentes.

A história nos mostra que, para a substituição completa de um sistema de governo por outro, dentro de uma perspectiva revolucionária, é necessário que os quadros e as novas organizações já existam e operem entre si em paralelo ao sistema vigente, mesmo que sem poder algum. Mobilizar para demonstrar indignação contra o sistema é fácil, mas raramente tem a efetividade esperada sem organização. A história do século XIX é exemplo dessa constatação.

Se tivéssemos que reduzir a história política do século XIX, poderíamos fazê-lo da seguinte maneira: foi um século de revoluções, seguido de contrarrevoluções, que geraram outras revoluções e que foram sufocadas por outras contrarrevoluções. Ao fim, percebemos que as revoluções contra os sistemas políticos foram sangrentas, repletas de mártires, mas suas efetividades foram limitadas e só ocorreram no longo prazo.

Há quatro momentos do século XIX que elucidam essa visão:

| 1ª Revolução: França | De 1789 a 1815, a Revolução Francesa, seguida das Guerras Napoleônicas que introduziram constituições em diversos reinos europeus, rompendo com a hegemonia das famílias tradicionais da Europa. |

1ª Contrarrevolução: Congresso de Viena — Impérios Contra-Atacam	Em 1815, com a derrota de Napoleão, surge o Congresso de Viena, convergindo as maiores potências europeias para restabelecer a antiga ordem das famílias tradicionais reinantes. É restaurada a monarquia e a dinastia dos Bourbon na França, e das respectivas casas reinantes em diversos países que foram invadidos por Napoleão.
2ª Revolução: Despertar da Europa?	Em 1848, a crise econômica e a insatisfação da classe burguesa gera levantes populares e de estudantes na França, Áustria e de principados na Alemanha e Itália. Trabalhadores, burgueses, liberais, nacionalistas, socialistas e republicanos convergem contra os sistemas de monarquias tradicionais, mais uma vez. Exigem fim da censura, mais liberdades individuais, mais democracia parlamentar, mais inclusão.
2ª Contrarrevolução: Impérios Sobrevivem	Mais uma vez, as forças dos monarcas demonstraram ser mais fortes, sufocando os levantes populares. A diferença é que as mudanças que antes eram do protagonismo da população passam a ser implementadas pelas elites reinantes, embora que em compasso de conta-gotas. Alguns monarcas se anteciparam e incorporaram os anseios dos levantes em constituição ou redefiniram seus papéis para compartilhar mais poder com seus parlamentos — e foram populares, pois vários membros da classe média da época preferiam a ordem debaixo da monarquia tradicional que o caos debaixo da turba das multidões.

Apesar dos levantes revolucionários, de alguma forma, terem pautado mudanças políticas durante o século XIX na Europa, elas foram efetuadas pelas mãos dos comandantes do sistema — no compasso e da maneira que eles determinaram.

No século XX, a coisa mudou: Os levantes populares passaram a ter impacto profundo na mudança de regime e de sistema político. Por quê? Porque eles deixaram de ser autênticos e passaram a ser armas políticas de forças maiores, por isso mais eficazes, pois contavam com financiamento, armamento, agenda política, método e apoio de governos e instituições que visavam a desestabilização de inimigos ou a controlar países.

Em suma, os levantes, por mais representativos da vontade popular que fossem, acabavam servindo como fachada de interesses maiores, a começar pela Revolução Russa, em 1917, que foi inicialmente financiada pelo kaiser Alemão, rival do imperador Russo. Depois, ocorreu o fim da hegemonia dos monarcas e dos Impérios Centrais da Europa, em 1920, e a criação da Liga das Nações; ambos com forte influência externa dos Estados Unidos.

Na sequência, veio a Revolução Chinesa, financiada e apoiada pela União Soviética. O mesmo aconteceu na Coreia, em Cuba, no Vietnã, na Nicarágua, entre outros. Criaram-se movimentos subversivos em todas as ex-colônias dos países europeus e no restante do mundo. Os levantes populares no Brasil do século XX influenciaram a adoção de políticas públicas e ajustes nas diversas constituições que tivemos durante a república; e foram majoritariamente influenciados pela esquerda internacional, organizações, governos e partidos vinculados a ela, com raras exceções, como a Marcha da Família com Deus pela Liberdade, em 1964.

E no século XXI? Na época do impeachment de Dilma, entre 2014 e 2016, a primeira pergunta que a mídia fazia aos organizadores das manifestações contra a presidente "revolucionária" era quem estava por trás dos movimentos, financiando as manifestações. A resposta não agradou, pois foi uma iniciativa de cidadãos, membros da sociedade, sem vínculo político ou com interesses econômicos por trás daqueles movimentos. Uma verdade desconcertante para o governo de esquerda, pois significava que uma parcela expressiva da população estava descontente o bastante a ponto de se mobilizar espontaneamente. O governo, que antes se vangloriava de liderar historicamente as mobilizações populares, foi colocado no papel de fascista opressor, contra a população.

É nessa troca de polo que as sociedades de vários países se encontram. Se no século XIX a direita era o opressor, no comando da repressão do Estado, agora esse papel é da esquerda. Os levantes populares contra o sistema, hoje, não contam mais com financiamento de governos externos, de empresas de armamento, nem mesmo apoio de organizações mundiais, com agenda política e método coeso, como da esquerda no século XX. Portanto, os levantes do século XXI se assemelham aos do século XIX: são autênticos, mas ao mesmo tempo ineficazes para a derrubada do sistema e do regime.

No Brasil em 2024: A perseguição que o STF faz contra diversos mobilizadores dos movimentos não difere das prisões e execuções arbitrárias que os regimes totalitários da Europa faziam no século XIX. Os governantes do século XIX, ao menos, eram francos quando efetuavam a repressão, pois visavam a restabelecer a sua autoridade. Os atuais repressores são covardes, pois dependem de falsidades para justificar suas ações, colocando-se como "defensores da democracia", quando na verdade estão sufocando a própria vontade popular. Qualquer que seja a forma, honesta ou desonesta, a história mostra que repressão só faz perder a legitimidade e insuflar cada vez mais a insatisfação.

Apesar de a esquerda ainda manter as mesmas narrativas de quando estavam fora do poder, o polo se inverteu e todos sabem disso. A narrativa da esquerda libertadora não existe mais. A realidade opressora da prática da esquerda no poder se impõe. Mas agora a direita precisa olhar a história para pinçar aprendizados. Percebemos que, apesar dos levantes populares estarem em total desvantagem quanto à sua força, muitas mudanças aconteceram em função deles. Os impasses gerados pelas mobilizações do século XIX geraram resultados. E é com essa sabedoria que devemos pautar "o que" e "como" fazer.

NOVA MOEDA, NOVA GEOPOLÍTICA E FALTA DE LIDERANÇA DOS EUA: ENTENDA OS NOVOS MOVIMENTOS "TECTÔNICOS"

Poucos se deram conta, mas três assuntos estão abalando a estrutura política mundial. Interligadas e capazes de renovar o panorama a partir do centro das decisões e da capacidade de produção, essas pautas merecem ser tratadas de forma mais crítica. A primeira, a reunião dos BRICS; a segunda, a reformulação geopolítica dos países; e a terceira, a liderança dos Estados Unidos no mundo.

Reunião dos BRICS: A recente reunião dos BRICS reforçou a ideia de unir países que não estão alinhados com o G7, com o G20 ou com os comandos da ONU, notadamente Rússia, China, Índia e países como Arábia Saudita, Indonésia e mesmo o Brasil, mas sua inclusão depende de análise que faremos adiante. Entretanto, está em formação uma aliança muito clara de países que têm grande poder de produção, independência bélica, capacidade geradora de riqueza, de alimentos, de minerais e de produtos acabados, ou seja, um bloco praticamente independente, que rivaliza com o G20. Essa reunião representa uma cisão ou uma rachadura no sistema de poder, uma vez que tradicionalmente a ONU é liderada por países da Europa e pelos Estados Unidos.

O que se apresenta no horizonte a partir de agora é potencialmente uma ideia inovadora, bem mais ampla, que pode criar um sistema que concorra diretamente com a ONU. Por quê? A escolha de uma moeda alternativa ao euro ou ao dólar, uma das decisões do encontro, é um início muito poderoso, pois essas moedas estão *sub judice* de países sem nenhum controle inflacionário, o que afeta todos os países. Trata-se não só de rivalização com o establishment, mas uma alternativa natural de mudança monetária vinda de países mais equilibrados, sobretudo no que concerne à fraqueza macroeconômica de países ricos e à robustez de países eurasianos ou emergentes.

Reformulação geopolítica: No contexto geopolítico, e anexa à ideia de mudança econômica, decorre a questão das defesas nacionais. Trata-se de uma proposta que visa criar uma força unida de defesa, o que representaria uma alternativa à ONU, ou pelo menos uma forte rival. Os motivos para essa decisão estão ligados a um contrassenso, que são as atuais diretrizes da ONU.

A Organização das Nações Unidas, formada por países supostamente democráticos e desenvolvidos, livres e transparentes, assume hoje uma postura globalista, unipolar, forçando uma agenda ambiental e de ideologia de gênero para todo o resto do mundo. Infelizmente, essa pauta vem sendo adotada pela maioria dos países do Ocidente.

Em contrapartida, os países que formam essa nova liga eurasiana são autocráticos e historicamente nunca foram democracias: China e Rússia, por exemplo. Índia, um país recente, mas criado por socialistas e com forte controle do Estado e muita corrupção; África do Sul, país sob o jugo comunista e que dificilmente sairá dessa condição em curto prazo; e países como Arábia Saudita e Indonésia; o primeiro, um grande produtor petrolífero, e o segundo, extremamente populoso, mas ambos altamente produtivos.

Todos esses países estão formando um novo bloco, com uma possível nova moeda, mas o que eles propõem é o oposto do globalismo: um mundo multipolar, em que cada país seja soberano, independente, não participe de nenhum bloco e não esteja submetido a nenhuma esfera hegemônica. Sob esse prisma eurasiano de soberania, o Brasil estaria muito mais bem abraçado.

Notícias recentes e pessimistas revelam que o G7 se reúne para bloquear ainda mais a Rússia na sua capacidade de gerar recursos advindos do petróleo. Bom lembrar que todas as vezes que esses grupos tomam decisões de sancionar países, aceleram as retaliações às medidas. Vários intelectuais e cientistas políticos, como Henry Kissinger, têm afirmado que se até há pouco tempo a Rússia tinha uma tendência a se aliar à Europa, hoje está mais motivada a uma aliança com a China.

A responsabilidade direta é da OTAN, que criou seus próprios inimigos, ao forçar a mão na questão de dominância dos países da antiga União Soviética, fazendo com que a Rússia reagisse politicamente e que se criasse um novo bloco geopolítico, que considera o mundo multipolar mais pacífico e de fácil adesão.

Liderança da Europa e dos Estados Unidos: Já não é novidade que Biden está publicamente atropelando discursos, perdido em seus pensamentos e sem condições de liderar os Estados Unidos. Ao mesmo tempo, sua vice não ajuda em nada. Ela é gritantemente desqualificada para o cargo e para qualquer função executiva, o que era patente até durante as prévias do partido democrata. Era considerada despreparada pelos próprios democratas e foi colocada na chapa por ser "politicamente correto" uma mulher negra na vice-presidência.

É óbvio que esses dois incompetentes não estão no comando, não têm visão de Estado, só estão ocupando espaço e a máquina do *deep state* americano está levando a administração aos trancos e barrancos. Falta liderança clara aos Estados Unidos, incapazes de jogar esse jogo. Há uma dupla desqualificada, que é Biden e Kamala Harris versus um conjunto de países com tecnocratas e burocratas que cresceram debaixo da autocracia durante várias décadas. Eles são altamente qualificados para fazer um jogo geopolítico maquiavélico, bem estruturado e com plano de ação e execução mais bem elaborado. Por isso, as novas ideias que estão no nascedouro vão se efetivar nos próximos anos.

Fiquemos atentos, porque o Brasil vai estar no meio desse jogo de forças. De que lado vamos ficar, Ocidente ou Eurasiano? Na minha opinião, a melhor opção agora é não ter que escolher, e para isso precisamos reforçar nossas defesas, diplomacia, forças armadas e sistemas internos, pois os dois lados têm demandas para nossa política, economia e posicionamentos políticos. Temos de ser representados por nós mesmos, sem influência de quaisquer agentes externos que possam corromper nossa vontade e comprometer nossa independência.

VELHA ESQUERDA VERSUS NOVA ESQUERDA

Há três momentos importantes para a esquerda dos últimos cem anos e que merecem ser estudados: a revolução russa, de 1917; a criação da ONU, em 1945; e a queda do muro de Berlim, em 1989. Essas datas resumem a ascensão e queda da Velha Esquerda, mas também a germinação da Nova Esquerda e seu apogeu nos dias atuais.

Mas o que significa "velha" e "nova" esquerda, afinal, e por que são termos relevantes para entender o mundo e o Brasil de hoje? Só para deixar claro, esses termos são usados somente por esse autor, que faz deles aglutinadores para facilitar o entendimento de outros aspectos.

Nascimento: Em outubro de 1917, a revolução comunista na Rússia elevou Lenin a primeiro chefe de Estado comunista do mundo. Lenin e Trotsky eram ideólogos que acreditavam na internacionalização do movimento comunista, e logo criaram o *Komintern*, em 1919, ou a Internacional Comunista — um Foro de São Paulo internacional —, em que todas as matizes da esquerda debatiam temas comuns aos países-membros: guerra, técnicas de subversão e revolução, reformas constitucionais e diversas estratégias e táticas para a expansão da revolução comunista em âmbito internacional. Stalin, no entanto, não compartilhava da mesma visão; não acreditava que outros países estavam prontos para a revolução, pois seu foco eram pautas nacionais, com atenção voltada para a consolidação do poder interno e criação de estruturas de comando e controle das regiões adjacentes ao antigo Império Russo, ou seja, a criação da União Soviética em 1922.

Quando Stalin assume o poder em 1924, começa a colocar em prática, nos anos seguintes, os planos de economia socialista planejada e o comando centralizado. Até então, Lenin conduzia o governo de forma pragmática, adotando medidas liberalizantes de alguns setores da economia para evitar crises. Stalin, no entanto, priorizou o comando e o controle direto em tudo, e não hesitou em perseguir todos os que resistiam, inclusive pessoas, grupos e movimentos que ajudaram a revolução, tais como sindicatos, membros do partido comunista e minorias étnicas. É por essas e várias outras interferências que muitos o consideram o "traidor da revolução", um "fascista vermelho".

Em paralelo, o *Komintern*, com Lenin e Trotsky no comando, fomentava levantes e revoluções nos demais países da Europa e estava com o prato cheio em decorrência da instabilidade social causada pela Primeira Guerra Mundial. No início, o fórum de debates era mais amplo, a leitura de cenários políticos, o uso de táticas de infiltração e subversão, assim como políticas sociais, era refinado e aprimorado; não havia nenhum fórum similar no mundo e dali saíram várias das táticas e pautas sociais de desestabilização que vemos hoje.

Evidentemente, Stalin aparelhou o *Komintern*, expurgou vozes dissonantes e a transformou em canal de propaganda da URSS. Em 1943, Stalin fechou o *Komintern* para atender ao acordo firmado com EUA e Inglaterra e se tornar um aliado na Segunda Guerra. Foi o fim formal do *Komintern*, mas seus membros mantiveram diálogo por meio de outros canais e fóruns.

No início do século XX vimos nascer o modelo estatista da Velha Esquerda, que é a Nova Esquerda.

Adolescência: Em 1945 nasce a Organização das Nações Unidas (ONU), cujo papel inicial era evitar guerras entre os países-membros. Falhou. Durante o longo período da Guerra Fria, de 1945 até 1989, tanto EUA quanto URSS viam a ONU como plataforma para neutralizar as ações do outro. Nesse período, os EUA subverteram votos dos países-membros da ONU com seu poder militar e econômico para representar seus interesses, enquanto a URSS subvertia os países agindo internamente com seus partidos comunistas e narrativas anti-imperialistas.

Se a Guerra Fria gerou incerteza de quão eficaz a ONU poderia ser para manter a paz mundial, uma coisa ficou clara: tanto o lado capitalista quanto o lado marxista viram oportunidades de usar a ONU como fórum de influência e controle mundial. Quem ganhou, afinal?

Morte e renascimento: O muro destruído, em 1989, foi símbolo do único obstáculo que separava a Alemanha Ocidental da Oriental.

Nossa geração viveu a histeria midiática desse último evento, que supostamente validou a vitória do capitalismo e do Estado de Direito sobre a Velha Esquerda ditatorial moldada por Stalin, mas não percebeu que essa não seria uma vitória final.

A queda do Muro de Berlin foi a quebra de paradigma necessária para colocar em evidência o outro modelo da esquerda, que também germinou em 1919 com o *Komintern* de Lenin e Trotsky, nasceu em 1945 com a ONU e maturou em 1989 com a queda do Muro de Berlin: naquele momento, saiu de cena a esquerda nacionalista e entrou a esquerda globalista; trocou-se a conquista do poder por meio da revolução armada pelos lentos processos eleitorais; substituíram-se decretos presidenciais por influência e sequestro de corações e mentes da opinião pública; trocaram-se golpes de Estado por mudanças constitucionais.

Ademais, o ativismo é diminuído em prol do Estado social, da estatização, do trabalhismo e sindicalismo; e aumenta a promoção das pautas globais de meio ambiente, clima, gênero e imigração; acordos bilaterais são desincentivados entre países e introduzem-se acordos multilaterais entre blocos; são criminalizados os interesses nacionais e enaltecida a agenda global. Ou seja, em 1989 a Velha Esquerda saiu de campo e entrou em jogo a Nova Esquerda — com os mesmos velhos atores bem treinados.

Alguns afirmam que a Nova Esquerda é fruto planejado do processo dialético do século XX: cai por terra a tese de que países comunistas totalitários, de um lado, foram confrontados, em antítese, por países livres capitalistas, do outro.

A nova síntese, criada pela própria esquerda, é uma mescla dos dois: os países regridem a controle político autocrático, com semblante de democracia, mantendo aparente liberdade econômica, com extensas regulamentações e tributos. O comando da agenda desses países fica a cargo de organizações supranacionais, de pouca visibilidade, mas de total convergência aos interesses de controle.

Outros pontuam que a Nova Esquerda não é uniforme: há um componente ocidental, que trabalha por meio da ONU, e outros fóruns e instituições internacionais, estabelecendo acordos multilaterais, e há um componente "eurasiano", que opera via influência econômica, menos visível, da autocracia da China e Rússia. De qualquer forma, essa é a cara amorfa da Nova Esquerda.

O porquê: Você deve estar se perguntando por que devemos entender o que foi descrito acima, pois ambas as forças da velha e da nova esquerda estão presentes no comando do Brasil hoje. O atual governo é fã de carteirinha da Velha Esquerda e visa a criação de estruturas de comando e controle da mesma forma stalinista. Concomitantemente, esse mesmo governo e outros agentes do Judiciário e da Economia atendem à agenda da Nova Esquerda. Enquanto tais forças estiverem no comando, essa será a determinação do que será votado e julgado no país.

É contra isso, por mais difícil e vago que seja para alguns compreenderem, que o brasileiro da nossa geração, que quer ser livre e bem representado politicamente, precisa se erguer.

BRICS E GLOBALISTAS: JOGO DUPLO CONTRA O BRASIL

A estratégia do atual ocupante da cadeira presidencial de tentar agradar a todos, sem agradar a ninguém, de fato, já não é novidade. De um lado, adoça as relações com a China e a Rússia, para defender sua parcela nos BRICS, uma força hegemônica emergente; de outro, faz média com Estados Unidos e União Europeia, apoiando abertamente a Ucrânia e as agendas ambientais de 2030.

85 países em 8 anos: Também não é de hoje que esse executivo insiste em se fazer de garoto propaganda pago com dinheiro público. Nos 8 anos anteriores em que governou, Lula foi a 85 países; 27 deles na África, com pouco resultado comercial, mas muita repercussão polêmica e negativa: além de não conseguir a obsessiva cadeira de Segurança na ONU, sua tentativa de diversificar mercado com países que pouco peso têm na balança comercial do Brasil atrapalhou a negociação com outros muito mais promissores. Segundo reportagem da BBC, em 2002, as exportações brasileiras para os Estados Unidos representavam 28% do total exportado, caindo para 11% em 2010.

Ao abandonar antigos parceiros comerciais, agradando muitas vezes seus inimigos históricos, Lula conseguiu que Estados Unidos, Rússia e Japão mantivessem as barreiras sanitárias à carne brasileira, prejudicando as exportações. O auge da trapalhada foi seu acordo com o Irã e o presidente Mahmoud Ahmadinejad, acusado de abusos em direitos humanos. Provavelmente o fracassado acordo nuclear com aquele país foi obra da providência divina. O mesmo se pode dizer de outros exemplos como Venezuela, Sudão, Líbia, Cuba e Guiné Equatorial, todos visitados pelo então presidente Lula. Se foram viagens de turismo, pode-se dizer que o prejuízo foi triplo: político, econômico e pessoal.

Duvidosas relações exteriores: De janeiro a setembro de 2023, o ocupante da presidência viajou por dezenove países, a maioria pela América Latina, e o primeiro país a ser visitado foi a Argentina, em que foi prometida ao governo socialista uma moeda única para o Mercosul, provavelmente para diminuir o estrago de regimes de esquerda na região, com os impostos e o trabalho dos brasileiros. Reações ocorreram e não se falou mais no assunto.

Em abril do mesmo ano, uma nova incursão à China rendeu quinze acordos fatais para a perda de soberania brasileira. Alguns deles envolvem cooperação mútua para investigações policiais e dão margem para intervenções políticas e militares, o que é muito grave. Outro destaque negativo é o acordo entre os Ministérios da Fazenda, do Brasil, e das Finanças, da China, que praticamente cede aos chineses, por cinco anos, o direito de exploração de setores estratégicos como energia elétrica, transportes, recursos naturais e infraestrutura, por parcerias públicas ou privadas, sem especificação de reciprocidade.

Mesmo sem colocar os pés no avião, a postura diplomática deste governo tem se mostrado desastrosa. Ao receber o ditador Nicolás

Maduro, da Venezuela, com honras de chefe de Estado e declarar sua impunidade, o Palácio do Planalto recebeu notas de repúdio tanto da direita, do presidente do Uruguai, Lacalle Pou; como da esquerda, do presidente do Chile, Gabriel Boric. Uma rejeição que transcende as fronteiras ideológicas.

Por quanto tempo? Ninguém consegue eternamente jogar em dois times. Não é possível negociar simultaneamente com o bloco globalista da ONU e OTAN e União Européia e querer liderar os BRICS de Putin e Xi Jinping. A consequência mais evidente em curto prazo é o governo entregar o país aos interesses internacionais, para que eles o validem, já que a opinião pública brasileira não o apoia. Essa entrega do Brasil aos interesses internacionais é somente para se conservar no poder às custas de perdemos a oportunidade de sermos um país soberano. Por isso, a segunda consequência evidente é que não seremos líderes nem na ONU e nem nos BRICS.

É preciso deixar bem claro que em termos de relações exteriores vence sempre o mais forte militar, econômica, política e culturalmente. Essas alavancas de influência são tão tangíveis e essenciais para um país sobreviver na disputa quanto a merenda escolar e o vale-refeição são para a população carente sobreviver no dia a dia. Se esses aspectos se demonstram fracos relativos à força dos rivais e inimigos, então ficamos sem poder barganhar liderança.

Qual a melhor opção? De um lado temos as forças globalistas, que são antinacionalistas, mas pregam uma economia de mercado. Do outro, temos as forças não alinhadas, lideradas por Rússia e China, que defendem o oposto.

O padrão fascista, representado pelos governos da Rússia e da China, é de não permitir o fortalecimento, a independência e a riqueza do empresariado — principalmente nos pequenos e médios negócios, que mais empregam pessoas —, e esse conceito se aplica ao mercado brasileiro. No modelo de economia fascista nada deve escapar ao comando de um poder político central.

Do outro lado, temos os globalistas que padronizam políticas em todo o mundo enquanto garantem seus empreendimentos, pois são donos de conglomerados gigantescos. O efeito é o mesmo do modelo fascista, pois eles possuem bastante poder para controlar preços nos mercados locais. A diferença está na forma. Os globalistas também pretendem desmilitarizar ao máximo os países para conter qualquer levante contra seus domínios. Esta é nossa escolha: ou enfraquecemos nossa economia, ou nossa defesa, as duas grandes forças internacionais de impulso e barganha com os demais países. Atender a dois blocos não nos dá nem a chance de escolher o pior.

A opção que combina os aspectos positivos dos dois, como existiu durante a era Reagan, Thatcher e no curto período do Trump, é mais rara e fugaz. Mas seria a ideal, pois combinaria uma visão racional de defesa da soberania com liberdade política e de economia de mercado. Duro por fora, livre por dentro.

A combinação que junta os piores aspectos de ambas as polaridades internacionais nós já temos: vassalagem a todas as agendas internacionais com economia fechada e mercados de preços controlados. Ou seja, frouxo por fora, duro por dentro.

E a nossa esquerda nessa? Com o crescimento dos BRICS como opção de plataforma internacional, muita coisa vai mudar na ONU. Os maiores países membros já se omitiram de participar de algumas reuniões de seus conselhos. Os sinais de fragilidade da ONU se tornam evidentes à medida que mais países aderem ao BRICS. No entanto, economia de mercado, defesa nacional, liderança mundial são termos que nunca foram defendidos pela esquerda brasileira. Muito pelo contrário. Ela não tem conhecimento de como gerar empregos via livre-iniciativa, e por recalques do passado recente, teme construir uma força de defesa e de segurança capazes de garantir segurança e soberania. Portanto, com este governo é de se esperar mais da mesma frouxidão, ambiguidade e perda de uma grande oportunidade de liderar, sem sequer perceber que isso está ao nosso alcance.

TRUMP E O CARTEL MUNDIAL

O ano de 2024 está prestes a ser o cenário do evento mais importante da história recente no mundo: o embate entre o cartel, dono do sistema, versus a resistência que pode desafiá-lo. Aqui, no Brasil, temos o poder, mais que em qualquer parte do mundo, para desarmar o *deep state*. Esse *deep state* é controlado pelo cartel de cada país, e essa é a garantia, por exemplo, de que todos os eleitos sejam meros fantoches do sistema e de sua agenda.

E quem é o cartel que quer controlar o mundo? George Soros é o comandante desse cartel? Não, mas faz parte. E Klaus Schwab, do Fórum Econômico Mundial? Não, mas também faz parte. Então, deve ser algo maior, como os fundos de investimentos Blackrock e Vanguard, que juntos comandam trilhões de investimentos mundo afora, certo? Também não, mas fazem parte. Ah, então deve ser a ONU? Não, mas faz parte.

Na verdade, o cartel não é uma instituição fechada como muitos pensam, e sim um arranjo descentralizado de instituições que compartilham uma visão comum e desenvolvem táticas em seus segmentos de atuação para implementá-la. Muitas marcas globais que consumimos já são propriedade desses cartéis pelo mundo, mesmo sendo alvo de boicotes em diversos países. A partir desse ponto pode-se entender a grande frustração de tentar nomear o chefe ou a organização que possa comandar essa nova ordem mundial, pois esses não existem. Também é perceptível que essa nova ordem não tem nenhuma piedade quando um de seus membros resolve abandonar os objetivos do cartel e sair do "movimento".

É disso que se trata, **um movimento:** A nova ordem mundial é um movimento político, ideológico, social, ecológico, econômico que prega a singularidade (união, convergência) de todas as teorias por diferentes meios. É ingênuo pensar que querem criar um poder central para exercer o controle coercitivo das populações. Essa ideia pode até estar nos escopos de possibilidades, mas os mais experientes sabem que tal plano só daria certo se antes as sociedades do mundo já se comportassem em sintonia com as pautas globais. Por isso, tal movimento vai além de criar uma burocracia global. Isso é a parte fácil.

O desafio é criar vontade de adesão a essa burocracia central e lhe dar legitimidade. Assim, o movimento visa primeiro dominar a opinião pública, alterando a percepção do ser humano acerca de sua natureza, seu comportamento e aspirações; e depois codificar como a sociedade deve se organizar, como deve agir e resolver conflitos com o ambiente, consigo mesma e com seus governos. Este último aspecto é o foco deste capítulo, mas entendemos que esse é apenas um pilar de um movimento maior. Digo isso porque há vários canais de controle nos diversos países, com diferentes impactos. E quais são esses canais?

Finanças: Os agentes do mercado financeiro mundial foram os primeiros a se consolidarem em uma força global. A pressão capitalista para se implementarem regras uniformes para atrair investimentos foi muito poderosa nos países emergentes a partir do fim dos anos 1980 e ao longo dos anos 1990, ao incentivar desregulamentações, privatizações e padronização de regras de governança das empresas. Hoje, os grandes fundos de investimento controlam um percentual expressivo das empresas nos países e promovem uma política global chamada ESG — Ecologia, Social e Governança — nas empresas que controlam; propaganda LGBTQI+ nos produtos e serviços é um dos reflexos disso.

Mídia: O segundo segmento globalizado foi a mídia no início do século XXI. Hoje a maior parte da mídia tradicional em todos os países (jornais, revistas, emissoras de TV e rádios) já está consolidada nas mãos do movimento através de fundos de investimento e grandes conglomerados de mídia, que tem função dupla, defender a pauta da agenda 2030 da ONU e ao mesmo tempo aplicar o ESG nas suas empresas. Compreende-se assim a postura propagandista das grandes empresas de mídia e o perfil ideológico uniforme de seus editores.

Tecnologia: A mesma coisa ocorre com os maiores ativos das redes sociais.

Cultura: Muito além de ser um adendo aos interesses corporativos do cartel, a cultura é um braço fundamental para a formação de um público que aceite suas ideias. Elas estão presentes de forma subliminar ou mesmo explícita em peças teatrais, filmes, músicas, livros, artes plásticas e principalmente em desenhos animados e obras para o público infanto-juvenil. Na criação de um gosto estandardizado e alimentado por banalidades, nos melhores casos; e pela ideologia de gênero, agenda ambientalista e sexualidade precoce, dentre outros, o que bate frontalmente contra a cultura do Ocidente ao desvalorizar o caráter do herói, da família e de Deus. Uma ressalva positiva: esse tipo de obra e seus autores, apesar de incentivos até governamentais, têm recebido a resposta merecida da sociedade, pois hoje vemos teatros, cinemas e shows vazios, rejeitados pela opinião pública.

2.
POLÍTICA EXTERNA

PERDIDO NA POLÍTICA EXTERNA

A política externa do Brasil está igual à política interna: uma bagunça. Nos seis primeiros meses, o governo buscou reforçar laços com o bloco Rússia e China, e ao mesmo tempo tentou manter felizes EUA e Europa. Claro que isso não funcionou, pois a ingenuidade passa longe de qualquer um desses países.

Rússia e China ainda querem ver muito mais alinhamento do Brasil com suas políticas, antes de se sentirem confortáveis em tratá-lo como protagonista de qualquer questão relativa aos BRICS, ou na criação de uma nova ordem mundial. Por outro lado, as sinalizações que Lula fez foram o bastante para romper os bons relacionamentos que o país mantinha com a América do Norte e Europa. Que ações foram essas? Na verdade, houve várias sinalizações de antagonismo em todos os sentidos políticos, econômicos e geopolíticos.

Mancadas políticas: Ao tentar elevar as ditaduras do Foro de São Paulo, sabidamente Nicarágua, Cuba e Venezuela, a status de países soberanos respeitáveis, o Brasil rompe o consenso que existe entre a esquerda ocidental e a mídia da América do Norte e Europa, que avalia esses países como Estados falidos, liderados por criminosos, sem nenhum compromisso com sua população. Para a esquerda globalista, ou nova esquerda, esses narco ditadores mancham a nova imagem que está sendo construída e remetem ao velho modelo stalinista do século

XX. Mas a maior oposição em relação à nova esquerda é que esses ditadores estão sempre alinhados com os interesses da Rússia e China e devem limitar os planos globalistas para a região.

Trapalhadas econômicas: Logo no início de seu mandato, Lula lançou a bravata de sair do dólar como moeda de base para trocas internacionais. O Brasil tem mais de US$300 bilhões em reservas, sendo a maior parte em dólar e euro. Optar pelas moedas da China ou da Rússia deterioraria a capacidade de troca de nossas reservas e isolaria o país comercialmente. Mesmo países mais dependentes da China e Rússia ainda não fizeram a transição total para a saída do dólar. O projeto é perigoso e certamente pode gerar retaliações, caso não haja um período longo de transição. É mais provável que nenhuma outra moeda venha a substituir o dólar totalmente, apenas aumentar sua participação nas reservas. Foi uma fala demagógica que serviu só para estremecer mercados, relacionamentos políticos, em uma clara demonstração de que o Brasil não sabe o que faz.

Outro projeto perigoso na área econômica é o da criação de uma moeda comum e única com os países do Mercosul. Para todos os envolvidos do setor financeiro, essa é mais uma bravata irresponsável que vem para desestabilizar o Real e demonstrar que o governo não entende nada na área econômica. Tanto para adotar uma moeda comum, para facilitar trocas, quanto para fazer uma integração monetária completa, em moeda única, as precondições são equilíbrio fiscal e monetário. Ambos os aspectos não são respeitados pelos países do Mercosul, o que fragiliza totalmente as iniciativas. O pior é que o Brasil, em vez de manter a política fiscal do governo anterior, resolveu aderir à incompetência dos vizinhos: acabou com teto de gastos e aprovou o arcabouço fiscal, medidas que vêm para garantir a gastança, pressionando as projeções com mais cobrança de impostos, inflação e endividamento.

Cegueira geopolítica: O governo Lula permitiu que um navio de guerra do Irã, inimigo declarado dos EUA, atracasse em porto brasileiro, e enviou comitiva oficial para receber seus integrantes. O Brasil é soberano em seus relacionamentos, mas achar que essa abordagem se trata de uma iniciativa inocente não faz sentido. Foi um ato de ruptura de confiança. Lembrando que o Brasil tem diversos projetos de defesa e intercâmbio de tecnologia com os EUA, para não falar em intenso intercâmbio cultural e comercial.

Outra sinalização atabalhoada foi com a Ucrânia. O governo Lula saiu da isenção e se posicionou nitidamente a favor da Rússia no conflito. Por mais que possamos criticar a Ucrânia como sendo uma *proxy* dos interesses globalistas contra a Rússia, não podemos apoiar a invasão de nenhum país, fora que a Europa já havia decidido apoiar a Ucrânia. Portanto, o governo traiu a confiança de todos os países europeus e ainda, de modo infantil, espera estabelecer acordos de livre comércio com eles. Não vai acontecer.

O que fazer? Dentro do embate entre a nova esquerda globalista, liderada pelos governos dos EUA, Canadá e Europa, contra a velha esquerda stalinista, liderada pela Rússia e China, não há muito espaço para países independentes e soberanos de fato. A Índia tem sido um dos poucos países livres de serem dominados por quaisquer desses blocos, ao mesmo tempo que mantém boas relações políticas e comerciais com todos eles. Entretanto, até chegar ao ponto de negar influência externa e atingir soberania, o processo é longo.

A Índia investiu pesadamente em defesa por várias décadas, criou sua própria internet e protocolos bancários — para evitar qualquer retaliação semelhante à sofrida pela Rússia —, e liberalizou diversos setores para permitir que sua economia crescesse, conquistando a posição de quinta maior economia do mundo. Além disso, priorizou suas próprias instituições e regras, mesmo que imperfeitas, para definir políticas públicas. Para o Brasil conquistar esse posicionamento, teria que, no mínimo, tomar medidas semelhantes.

O Brasil, sem poder bélico efetivo ou economia forte e independente, não é ninguém no jogo duro das relações entre países, e o governo

Lula tem enfraquecido esses campos de forma sistemática, esperando que dessa vez funcione. Externamente a imagem do terceiro governo Lula é reflexo desta visão e ideologia vencida: um galo velho cantando de peito estufado com os pés na lama.

PRECISAMOS DA RÚSSIA?

Sim, e muito, só que não pelas razões que você imagina. O conselho mais importante da ONU é o Conselho de Segurança, do qual somente cinco países fazem parte de forma permanente: EUA, França, Inglaterra, China e — você adivinhou — Rússia. Esse conselho delibera sobre temas de segurança internacional e pode impor suas decisões a todos os países-membros. É o único conselho da ONU com tal poder e por isso é necessário voto unânime dos membros permanentes para ter efeito. Basta um voto contrário e a ONU não pode intervir militarmente ou impor sanções e embargos de todos os países membros contra qualquer outro. É na análise do voto de cada um deles que se pode determinar quem pode nos ajudar e quem pode nos prejudicar. Vamos a ela:

O Conselho e seus membros: EUA, Inglaterra e França têm rivalidades econômicas e geopolíticas com o Brasil: nosso gro rivaliza com o agronegócio dos EUA e Europa; nossa indústria, se reativada, pode incomodar; e caso o Brasil resolva ativar sua indústria e forças de defesa, EUA e Europa ficarão muito preocupados. Essas são algumas das razões pelas quais nossa indústria de defesa sofre embargos silenciosos de várias formas. Por isso também pecamos em não ter uma política de defesa nacional efetiva para combater possíveis ataques e retaliações. Caso o Conselho delibere qualquer tema contra o Brasil no quesito de segurança, o voto desses três países já estará definido.

A China tem interesses de controle econômico do Brasil, mas diferentemente dos EUA, França e Inglaterra, possui menos rivalidades conosco: não somos um desafio ao poderio industrial chinês, ao contrário, dependemos de produtos industrializados de lá; nosso agro é complementar, e não rival, às necessidades de alimentação da China; e geopoliticamente não temos fronteira terrestre ou marítima com a China capaz de bloquear suas relações com outros países na região. Entretanto, na eventualidade de o Brasil se tornar soberano, com política própria, e surgir um voto no Conselho de Segurança desfavorável ao Brasil, a China será pragmática: se as resistências políticas de seus interesses econômicos no Brasil forem enfraquecidas, ela votará contra, junto com o primeiro grupo.

É aí que entra Rússia: A Rússia por si só não tem interesses nem rivalidades em relação ao Brasil, e essa neutralidade é fundamental no que concerne ao Conselho de Segurança. Para nós, a Rússia é apenas mais um parceiro comercial e vice-versa. Mas o Brasil pode ter um papel fundamental para a Rússia no sentido de quebrar a hegemonia que EUA e Europa exercem sobre a América Latina e a África. Não que a Rússia tenha pretensão de assumir o papel de poder hegemônico nessas regiões, pois a China já ocupou esse espaço, mas ela poderia barganhar contra movimentações territoriais e embargos que EUA e Europa impõem sobre a Rússia há vários anos.

A troca de apoio em áreas em que o Brasil é fraco, e deveria se desenvolver, é um efetivo, e a Rússia sabe disso. O Brasil ganha apoio necessário para dar um passo para se estabelecer e garantir sua soberania — lembrando que o país está dentro da esfera de hegemonia dos EUA e Europa e sofre de forma direta e indireta a influência desses blocos.

Situação da Ucrânia: Considerando o exposto acima, imagine três cenários possíveis do conflito na Ucrânia: 1- Putin cai, abrindo espaço para mais um ditador, só que este mais alinhado à Europa; 2- Putin cai, e a China passa a ser quem define toda a política externa da Rússia; 3- Putin fica, mas perde poder político e se torna um títere, sucumbindo aos interesses dos chineses e do Ocidente (muito parecido com o que o Brasil é hoje). Quais desses cenários são bons para o Brasil? Nenhum. Na verdade, todos esses cenários são péssimos para o Brasil.

Essa última afirmação é difícil para muitos entenderem, muito menos aceitar, mas se existe um país neutro com força para se contrapor aos países que tenham interesses ou rivalidades com o Brasil, esse país é a Rússia. Por isso não interessa ao Brasil ver a Rússia se esfacelar ou sucumbir a outros poderes hegemônicos.

Muitos condenam a Rússia por nunca ter sido uma democracia, mas sempre algum tipo de autocracia: por parte dos imperadores russos, dos ditadores comunistas ou atualmente de Putin e seus oligarcas. Outros adoram a Rússia pelos motivos opostos: por adorarem modelos autocráticos, fundados numa versão torta da história russa que define como positiva a revolução comunista, em 1917, ou por combaterem o "imperialismo" norte-americano.

Mais recentemente, com a guerra da Ucrânia, surgiu uma torcida que condena a invasão, e outra que defende os intentos russos. Só que ambos os grupos tecem um futuro do que pode ou deve acontecer baseado nesse evento isolado, sob o prisma limitado do conflito daquela região. Nesse ponto, o posicionamento do Brasil do governo passado era adequado: condena a invasão da Ucrânia, mas não quer entrar no bloco de países que praticam retaliações contra a Rússia. Esse posicionamento significa que o Brasil não é contra o governo da Rússia, mas contra as decisões que esse governo tem tomado. E também significa que o Brasil não é contra a nação russa — ou Estado russo — pois as sanções afetam a sua população assim como a nossa.

No governo atual parece que esse pragmatismo saiu de cena. O alinhamento político e ideológico entre governos da mesma cepa autocrática é mais importante que os interesses de Estado. Ou seja, as perdas que podem afetar o Brasil e o povo brasileiro são secundárias aos interesses políticos do atual governo de fazer bonito com os outros governos "amigos". Grande erro.

Temos de examinar os eventos internacionais a partir dos interesses do Brasil e passar a ter uma visão mais pragmática e realista de como esses conflitos podem atingir nossas políticas e relacionamentos de forma direta e indireta. Se olharmos todo relacionamento externo dessa forma mais acurada, o Brasil não deveria nunca se vincular a nenhum governo, mas sim buscar sempre acordos que perdurassem entre os Estados.

Por isso, como país, não devemos defender o que qualquer governo faz ou deixa de fazer; temos de pensar nos interesses do Brasil como Estado e nação e agir a partir disso. A opinião pública tem de ser sempre livre, mas as instituições que representam o Brasil de forma permanente devem zelar pelo interesse nacional atemporal — mesmo que a opinião pública e o governo pensem diferente.

É difícil desvincular o Estado de seu governo? Às vezes, sim, sobretudo quando se lida com autocracias. Mas no jogo complexo das relações exteriores essa distinção é fundamental. E é sob esse aspecto que nosso país perde se a Rússia deixar de ser um país soberano.

ANTISSEMITISMO E IMPEACHMENT

Não há mais como negar: Lula está consistentemente se alinhando a todos os inimigos de Israel, do Ocidente e do Estado de Direito, da decência e de tudo de bom que a humanidade conseguiu construir. O chefe do Executivo se alia a vários países que ainda estão ou nunca saíram do modelo autocrático — leia-se ditadura —, e o Brasil está sendo levado a esse bloco extremamente rápido. Não foi um discurso à toa, como diz a mídia e até como se refere o presidente do Senado, Rodrigo Pacheco; mas vem de uma construção perigosa, calculada e que não vai parar sem impeachment.

Cito cinco atos que demonstram cisão diplomática desnecessária:

1. Financia e vai continuar financiando a UNRWA, que tem operadores do Hamas;
2. Aderiu à carta da África do Sul que condena Israel por se defender;
3. Entrou no tribunal de Haia contra Israel;
4. Proferiu discurso antissemita alinhado com Hamas;
5. Convocou o embaixador em Israel de volta ao Brasil.

Não é a primeira vez que Lula se pronuncia dentro de um contexto antidemocrático. No ano passado, todos os países do mundo civilizado estavam retirando investimentos de uma organização supranacional dentro da ONU, a UNRWA, responsável por refugiados palestinos e comprovadamente composta por vários membros do Hamas. Todos pularam fora, mas Lula dobrou a aposta também nisso. Resolveu financiar essa organização com o nosso dinheiro.

Ademais, ele coloca o Brasil em uma rota de colisão com seus aliados tradicionais e com a própria sociedade, pois não está atacando apenas o Estado constituído de Israel, como bem apontou o ministro Netanyahu, mas também condenando a religião judaica e a etnia judaica. Lula ataca os três, indistintamente. Trata-se de não apenas um problema do discurso, mas fruto de uma atitude incompatível com a postura de um protagonista do Estado.

Como detentor de poder institucional, ele não poderia jamais fazer essa colocação, pois se trata de uma declaração de guerra velada que ameaça o país tanto em sua soberania territorial, quanto na redução de aportes de investimentos e sob o risco de sanções internacionais. E Lula nem se importa.

Irã das Américas: Países árabes como a Jordânia, que faz fronteira com Israel, assim como Síria, que foi bombardeada, Líbano, que tem o Hezbollah dentro de suas fronteiras, Egito, Arábia Saudita, e outros países árabes, não se pronunciaram nesse sentido. O único Estado que se posicionou de forma truculenta como Lula foi o Irã, abertamente, do ponto de vista institucional, ao se declarar inimigo do Estado israelense. À exceção deste último, só grupos terroristas.

Com isso, Lula se alinha a países totalmente fora da curva, arruinando completamente as nossas relações exteriores. Infelizmente, a atitude do ocupante do Palácio não é um erro, mas uma construção consistente. Sua fala não é uma demanda natural da nossa sociedade, nem das nossas instituições, mas fruto de seu desejo por novas "amizades", provavelmente com muito poder aquisitivo. Elas certamente estão olhando para o Brasil e pensando: "Que maravilha! Geopoliticamente, seria excelente para o nosso bloco ditatorial antiocidentais ter uma nova mega Cuba ou um Irã tupiniquim no bloco ocidental!". Sim, o Brasil está a apenas um discurso de se tornar o Irã das Américas.

Como resultado, podemos esperar que o país seja visto pela comunidade internacional como mais um com quem ela terá de lidar, como o Irã. Isso é prejudicial e não será um pedido de desculpas a remediar a situação. Talvez mais uma ou duas gerações serão necessárias para consertar o estrago.

Dobrar a aposta e perder: No dia 20 de fevereiro de 2024, Lula insiste e vai à corte internacional de Haia por "anexação ilegal de territórios palestinos", a exemplo do que já havia feito, em apoio à África do Sul, na mesma corte, em dezembro de 2023, sob a mesma alegação de "genocídio".

Curiosamente, essa palavra é de autoria de um advogado judeu polonês, Raphael Lemkin, para qualificar as políticas de extermínio sistemático contra os judeus, que culminaram no Holocausto, fato que Lula nega ao comparar Israel a seus algozes. Execrável e repulsivo são outros dois adjetivos que uso para qualificar as declarações de Lula, que obrigará todos os cidadãos de bem a se retratarem para não serem confundidos com o ocupante do Planalto.

Repercussão internacional: Mesmo a imprensa *mainstream*, com toda a força da chapa branca que tem, não conseguiu abafar o escândalo e as consequências do discurso de um presidente despreparado, ou melhor, preparado para assumir a ditadura. Declarado *persona non grata*, isto é, pessoa que não é bem-vinda, os efeitos são mais morais que institucionais, uma vez que Lula, parece-nos, não tem intenção de visitar Israel.

Poucas pessoas prestaram também a devida atenção às circunstâncias dos pronunciamentos dos chefes de Executivo do Brasil e de Israel. Lula falou na Etiópia, na 37ª Cúpula da União Africana, para os pares com quem tinha laços ou mesmo cumplicidade, no caso, África do Sul, a quem apoiou na questão contra Israel. Ambos foram derrotados na corte de Haia.

O primeiro-ministro Benjamin Netanyahu fez seu discurso em uma reunião de associações judaico-americanas, evidentemente um público que tem muita influência nas decisões de investimentos e que deve orientar essa área dos Estados Unidos para fora do Brasil, o que também afeta as relações exteriores com aquele país.

Provavelmente o Brasil também deve deixar de contar com Israel na cooperação tecnológica, sobretudo no campo da segurança, e pode contabilizar prejuízos no campo comercial e econômico.

Traição da história diplomática: O maior prejuízo, no entanto, é na desmoralização do país, pois com o pronunciamento de Lula o Brasil trai sua história. Foi o Brasil, por meio do diplomata Oswaldo Aranha, que presidiu a sessão da Assembleia Geral da ONU, em 1947, após a Segunda Guerra Mundial, que criou o Estado de Israel. Portanto, não somos apenas signatários da proposta, mas articuladores de uma decisão que criou justiça para um território que estava secularmente em conflito. A presença brasileira na mediação de conflitos, tal como foi com Oswaldo Aranha e D. Pedro II, é um prestígio o qual este governo nunca vai desfrutar.

Está claro que a decisão de criar um Estado israelense não resolveu as questões entre árabes e judeus, mas foi a porta de entrada para o diálogo do Brasil e dos demais países com a comunidade árabe e judaica na região. Veja a gravidade: países que não reconhecem Israel como Estado não vieram a público para condenar a legítima defesa de Israel, enquanto o Brasil, que foi um dos criadores do Estado de Israel, se levanta para condená-la.

As consequências começam a aparecer: O pronunciamento criou cisma na comunidade judaica no Brasil, pois embora a CONIB (Confederação Israelita do Brasil), tenha declarado que a fala de Lula seja "distorção perversa da realidade", um braço judaico esquerdista em São Paulo o defendeu. Como sempre, a esquerda cria divisão para se firmar.

Hoje o Itamaraty divulgou que pode expulsar o embaixador de Israel do Brasil, em retaliação ao "sentimento de emboscada" sofrido pelo representante brasileiro Frederico Meyer, por ter sido repreendido em Hebraico, língua falada em Israel e que ele não domina, embora o idioma seja corrente e, pressupõe-se, obrigatório para o representante do Brasil em embaixada tão significativa, em vista dos 148.329 judeus — dados do IBGE, 2010 — que formam a segunda maior comunidade judaica da América Latina, atrás apenas da Argentina.

Por ter praticamente rompido com um parceiro tecnológico e o único democrático no Oriente Médio, o ocupante do Planalto alinhou o Brasil com países sem tradição diplomática ou com tradição belicosa ditatorial. Não haverá retratação, nem desculpas. Esse é o plano.

3.
A ESQUERDA NA AMÉRICA LATINA

PARLAMENTO DA DITADURA

Parlamentar enaltecer o modelo político chinês é um ato de grande estupidez. O que vários deputados e senadores da esquerda e do centro ainda não se deram conta é de que suas funções serão reduzidas a pó com a consolidação de uma ditadura similar à da China por aqui. Fecharão o Congresso Nacional? Claro que não, pois não é esse o modelo nas ditaduras comunistas. Fazem pior. Transformam o Poder Legislativo da Câmara e do Senado em uma fachada de Parlamento: um teatro para mascarar uma ditadura brutal. Como? No lugar de um congresso de parlamentares, criam assembleias nacionais unicamerais, controladas por um só partido; e em vez do voto livre, direto e justo de escolher representantes, as assembleias nacionais são preenchidas por agentes escolhidos pelos Conselhos Populares locais.

Esses "escolhidos" são convocados raríssimas vezes, e somente para carimbar decisões já definidas por comitês permanentes menores que são comandados pelo Executivo. Ou seja, pervertem a representatividade, invertem o conceito de subsidiariedade — governando de cima para baixo — e violam o conceito de separação de poderes; mantém uma forma separada, mas na prática é o executivo que executa, legisla e julga. Vejamos alguns casos.

China e a democracia de fachada: A China tem um Congresso Nacional unicameral no qual o Partido Comunista Chinês (PCC) permite ou exclui outros partidos políticos de participarem. Consequentemente, dos seus quase 3 mil representantes, mais de 2 mil são do PCC, têm o mesmo viés ideológico e são divididos entre oito partidos com pequenas diferenças de identidade, intensidade, prioridades e métodos, mas prevalece o velho adágio: democracia só para comunista. O resultado é singular: não discutem nada. Isso mesmo, nada. São eleitos para um mandato de cinco anos e se reúnem somente uma vez por ano, ao longo de duas semanas, só para votar o que o Conselho Permanente de 175 delegados define. Os representantes não legislam, não monitoram o uso do orçamento nem sequer levantam críticas a qualquer plano dos comitês permanentes. Os representantes/agentes chineses na Assembleia não fazem nada, e por não fazer nada também não recebem nada (único ponto positivo para os chineses). Mas muitos deles ocupam outras funções na administração local e nos conselhos "populares". E é lá que são responsáveis por implementar o que foi "decidido" pela Assembleia. E o Judiciário? Pasme, o Judiciário é um comitê permanente que manda na Assembleia Nacional.

Coreia do Norte e cartas marcadas: Na Coreia do Norte, "pasme 2", o modelo é muito similar ao da China. Também é um sistema legislativo unicameral — não existe Senado —, que conta com 687 representantes parlamentares e um comitê menor permanente que cria as leis e a agenda política para ser votada pela Assembleia Geral. Reúnem-se somente uma vez por ano, e o Partido dos Trabalhadores é o único que define quais dos demais cinco partidos podem existir e quais candidatos podem entrar na lista para ser eleitos por determinado partido, em determinado distrito. Em outras palavras, a escolha e a eleição não são livres, muito menos justas. Votar contra os escolhidos é crime. Os "escolhidos" para a Assembleia Geral também têm um mandato de cinco anos e entre suas diversas funções "votam" para os "escolhidos" dos comitês permanentes e para "escolher" o líder supremo. Como se vê: "Democracia Pujante!"

Cuba do partido único: Cuba, por sua vez, também é "cópia carbono" do modelo Chinês, com toda a obsolescência que a expressão carrega. Apresenta apenas a pequena diferença de que, em Cuba, ao contrário da China e da Coreia do Norte, os demais partidos políticos são proibidos. Mas, assim como na China e na Coreia do Norte, o Comitê Permanente é quem define as pautas que a Assembleia Geral deve votar. A arquitetura das assembleias é até semelhante às demais, com púlpito central elevado onde ficam os líderes do Partido Comunista Cubano e do Comitê Permanente e, abaixo, os representantes da Assembleia. Os "deputados" podem se pronunciar durante a votação, mas a maioria dos pronunciamentos é para apoiar a legislação proposta ou discursar o quanto adoram a revolução e o socialismo cubano. Debate sobre legislações? Impossível. Monitorar o Poder Executivo? Ninguém tem esse poder.

Venezuela a caminho da China: A questão do Parlamento da Venezuela é mais complexa, pois o modelo está em transição para o modelo comunista da China, Coreia do Norte e Cuba. Antes de Chávez havia um modelo bicameral (Câmara e Senado), mas foi consolidado em uma só câmara, a Assembleia Nacional. Isso sucedeu como parte do movimento que elegeu Chávez presidente em 1999. Logo após a sua eleição, seu partido bolivariano iniciou uma fase de tentar comandar os demais partidos, mas com sucesso parcial. Em função das graves crises e violações que Chávez causou nos primeiros cinco anos de governo, a oposição conseguiu se consolidar na Assembleia Nacional, e ele passou a agir independentemente da Assembleia.

Em 2017, a suprema corte da Venezuela removeu a Assembleia Nacional de seus Poderes e convocou uma Assembleia Constituinte que elaboraria uma nova constituição. No entanto, essa nova assembleia liderada por bolivarianos se autoproclamou suprema a todos os Poderes, e passou a ser o que o modelo Chinês é, relegando a Assembleia Nacional da oposição a mera entidade simbólica. Isso mesmo, um golpe de Estado. Na Venezuela a discussão política na Assembleia Nacional tem zero efetividade, enquanto a Assembleia Constituinte ilegítima reflete a estrutura padrão das demais ditaduras comunistas.

Nicarágua sangrenta: O caso mais recente de mergulho na ditadura comunista é o da Nicarágua. Apesar de ter feito uma revolução comunista e acabado com o sistema bicameral, criando uma Assembleia Geral muito antes da Venezuela, no início dos anos 1980, só agora o modelo está se consolidando como os demais. Tanto por oposição interna quanto por intervenção externa, e consequente guerra civil contrarrevolucionária, o partido socialista Sandinista não conseguiu se estabelecer como partido único sobre os demais. No entanto, no início do século XXI, o presidente Ortega, no cargo há mais de dez anos, passou a operar por força bruta, reprimindo a oposição, matando manifestantes e desintegrando igrejas como fase final de consolidação institucional do sistema comunista.

Nota-se acima que China, Coreia do Norte e Cuba institucionalizaram seus parlamentos comunistas há mais tempo. Venezuela e Nicarágua são experiências mais recentes e denotam que o processo de consolidação pode levar tempo, mas o movimento de pressão é contínuo.

E como estamos no Brasil? Apesar de a oposição vir denunciando esse processo diariamente, opinião pública e parlamentares ainda não estão conscientes da profundidade do plano comunista para nosso Congresso. Não precisamos ir muito longe para desvendar seus objetivos e afirmar que as instituições representativas do Brasil correm sério risco. Depois das eleições de 2022, o Poder Legislativo — tanto Senado quanto Câmara — tem agido como uma assembleia oca do modelo comunista; não monitora o Poder Executivo, debate pouco e apenas chancela o plano de governo. Nossa Justiça também já opera como subsidiária do plano totalitário do Estado, sinalizando que vai agir tal qual um comitê permanente da China.

Uma das primeiras medidas do atual governo foi criar, por decreto, os Conselhos Populares que, na narrativa oficial, servem "somente" para discutir políticas públicas. Mas sabendo como esses conselhos são usados nas demais ditaduras comunistas, já podemos antecipar que poderão assumir funções de escolher futuros representantes em uma futura Assembleia Nacional, se seguirmos os caminhos de nossos vizinhos.

Este capítulo é um alerta aos nossos deputados e senadores dessa 57ª legislatura, pois eles podem ser os últimos representantes eleitos capazes de deter o plano totalitário com suas escolhas. A questão para os parlamentares atuais, sobretudo os de partidos de centro, é prestarem atenção para onde "acordos", "facilidades" e "benefícios" de agora levarão o Parlamento e seus mandatos amanhã. O que estamos vendo é um esvaziamento do Poder Legislativo ao aceitar "pautas-bombas" e atropelos do regimento interno, sem pensar nas consequências do modelo político e esquecendo a natureza do governo atual. Não é necessária uma revolução de muitos para mudar todo o sistema político; basta a ganância e a ignorância de poucos.

A ESQUERDA NA AL VAI DE MAL A PIOR

Um rápido mapa geopolítico da América Latina pode nos ajudar a identificar as crises estruturais causadas pelo Foro de São Paulo nos últimos trinta anos. A boa notícia é que os planos de hegemonia começaram a ruir. Equador, Peru, Paraguai e Uruguai já se livraram de governos de esquerda e, apesar de consolidadas as ditaduras da Nicarágua e da Venezuela, os demais países com presidentes socialistas, eleitos pela cartilha do Foro de São Paulo, não estão nada bem diante de uma população que resiste a seus projetos totalitários. Na economia e na política, a queda é vertiginosa, como era de se esperar, e a sociedade acorda do pesadelo globalista.

Chile: Gabriel Boric, sem maioria para eleger sua constituinte, viu a sociedade reagir à sua proposta de constituição totalitária e, em 7 de maio de 2023, a direita ganhou o pleito para elaboração de uma nova carta. O primeiro ano do governo de Gabriel Boric foi marcado pelo aumento dos índices de criminalidade. A taxa de ocorrências policiais registradas em 2022, por exemplo, apresentou um crescimento de 44% em relação a 2021, segundo dados da Subsecretaria de Prevenção ao Crime do Ministério do Interior. A população deu sua resposta nas urnas. Em cédulas.

Colômbia: Gustavo Petro, presidente assumidamente bolivariano, pediu que seus ministros renunciassem, depois de perder maioria no congresso e pedir mobilização nas ruas — que não aconteceu — para aprovar seus projetos de estatização e centralização. Acabou rompendo com a coalizão governista que o apoiava e deve sofrer o impacto da falta de governabilidade.

Argentina: Alberto Fernández, burocrata peronista, já declarou que não deve concorrer a nova eleição diante do desastre econômico que promoveu, comparável ao da Venezuela. A inflação anual bateu em 55,1% e o mercado calcula que, ao fim deste ano, ela dispare para 65%, o maior índice desde 1991. Enfraquecida pela derrota nas urnas nas eleições legislativas de 2021, a Casa Rosada abriu a torneira do gasto público, com aumentos de subsídios e planos sociais, o que aprofundou ainda mais a crise econômica e afastou investimentos.

Bolívia: Luis Arce vem sofrendo denúncias de corrupção do ex-presidente, ex-apoiador e também socialista Morales, presidente de seu partido MAS, revelando que o mito da solidariedade da esquerda não resiste a dois anos de disputas pelo poder. Seguindo a cartilha do Foro de São Paulo, Arce retomou alianças com o governo de Nicolás Maduro e restabeleceu relações diplomáticas com o Irã. Além disso, restituiu a exigência de visto para turistas dos Estados Unidos e de Israel, suspensa no governo anterior. No país mais pobre da América Latina, o desemprego e a criminalidade dispararam e a maioria das agências não aconselha que turistas percorram rodovias, a pé ou de carro, mas prefiram viagens aéreas para evitar o crescente assédio do narcotráfico.

México: O social-democrata López Obrador está em guerra contra o narcotráfico desde sua eleição, em 2018, sem sucesso. As críticas a seu governo fraco, que não consegue deter os cartéis nem conter a criminalidade, desfizeram a imagem progressista do presidente, politicamente desgastado. Em fevereiro deste ano, milhares de manifestantes protestaram contra sua reforma eleitoral, que visa perpetuar a hegemonia da esquerda no país. Diante de oposição organizada e mobilização que o pressionam, Obrador pretende fazer um pacto com a direita mexicana para tentar obter alguma governabilidade.

Cuba: Miguel Díaz-Canel participou ativamente do aniversário de trinta anos do Foro de São Paulo, em 2020, e pode-se dizer que é o herdeiro legítimo do regime castrista, uma vez que assumiu a presidência por ser primeiro-secretário do Comitê Central do Partido Comunista, sem um único voto popular. Cuba continua o exemplo a não ser seguido, pela fome, pobreza e falta de liberdade econômica e de expressão que impõe à sociedade. Sem o carisma demagógico de seus antecessores, Canel, em 2023, promoveu um pleito em que foi "eleito" presidente para mais um mandato de cinco anos, apesar dos inúmeros protestos de rua, a maior emigração da história do país e uma escalada inflacionária de 39% em 2022 e 70% em 2021, números inéditos no país desde o triunfo da revolução, em 1959. Como reação, convocou os seus apoiadores revolucionários para tomarem as redes sociais — estatais — em seu favor.

E no Brasil? Lula também é fruto do Foro de São Paulo, que o escolheu, assim como os presidentes já mencionados, como testa de ferro dos planos globalistas, e adota as mesmas estratégias de seus aliados na AL. Parado no tempo, ironicamente, poderia até ser considerado um conservador, se esse conceito incluísse fazer tudo errado novamente. No passo que vai, obterá as mesmas respostas da população que seus "companheiros", porque a oposição organizada e a sociedade mobilizada não darão trégua.

ARGENTINA DE PERÓN VERSUS MILEI

No dia 22 de outubro de 2023 a Argentina elegeu seu novo presidente, Javier Milei, do partido de direita "La Libertad Avanza". Ele já havia vencido com mais de 30% dos votos nas primárias. Nas eleições primárias, os argentinos elegem pré-candidatos, portanto, o povo participa diretamente da escolha prévia dos candidatos para o pleito maior.

Milei é adepto da Escola Austríaca e se denomina "filosoficamente anarcocapitalista" e "minarquista de curto prazo", isto é, adepto do Estado mínimo. É abertamente católico, contra o aborto e pautas globais e de minorias. Com postura fortemente proativa, seu lema de campanha foi: "Não vim aqui para liderar cordeiros, mas para despertar leões". Milei também denunciou a "casta política", que disse ser composta de "políticos inúteis e parasitas".

O perfil de Milei tem tudo para desagradar a mídia internacional. Mas, para qualquer observador da Argentina, o país precisa de um reformador urgentemente para desmontar o modelo nacional-socialista criado por Perón, que perdura há quase cem anos e gera instabilidade e pobreza recorrentes. Escolher o estilo reformador, a essa altura do campeonato, parece ser um exercício fútil e soberbo.

Entenda o problema que se confunde com a história da Argentina.

Perón, o pai da instabilidade: O panorama político da Argentina tem uma divisão clara a partir do peronismo, desde 4 de junho de 1943, quando um golpe militar deu início ao modelo nacional-socialista. Como parte do novo governo, o então militar Juan Domingo Perón assumiu a Secretaria do Trabalho e Provisão, e utilizou seu cargo para se aproximar das classes de trabalhadores e dos movimentos sindicais da Argentina. Perón adotou uma política de massas, ao promover diversos benefícios trabalhistas, como a ampliação do regime de aposentadorias, a criação do salário mínimo e do 13º salário. Suas pautas tinham como base o sindicalismo, o discurso anticapitalista e de justiça social. Tais ações garantiram sua ascensão política, mas detonaram permanentemente as contas públicas.

Paralelamente, Perón abria as portas para os nazistas na Argentina, dando abrigo a torturadores e todos os criminosos de guerra que se esconderam e foram descobertos depois por meio de reportagens investigativas. Muitos deles foram extraditados para serem julgados em tribunais internacionais ou morreram impunes.

Em 1946, Perón concorreu à presidência e venceu com quase 53% dos votos. Eleito para um segundo mandato, Perón já encontrou problemas econômicos criados por ele mesmo que culminaram em mais instabilidade política e sua deposição por golpe militar em 1955. Como um fantasma que paira sobre a sociedade, Perón voltou ao poder em 1973 e faleceu no ano seguinte, deixando Isabelita, sua esposa, em seu lugar. Governante fraca, foi deposta dois anos depois por outro golpe militar. Nos seis anos seguintes, a Argentina teve sete presidentes, demonstração da instabilidade política e social que se instalou e torturou e matou mais de 30 mil pessoas, além de empobrecer um dos países mais ricos do mundo no pós-guerra.

Apesar das tragédias econômicas, sociais e políticas, o modelo peronista continuou, e com ele o ciclo de destruição se repetiria. As políticas peronistas, muito semelhantes às do Estado Novo de Getúlio Vargas aqui no Brasil, primam por seu caráter populista, e combinam distribuição de renda, estatização e assistencialismo e entrega hiperinflação, dívidas internas e externas e queda na renda e poupança.

Nunca mais a Argentina alcançaria os patamares de desenvolvimento da era pré-peronista.

Alfonsín e o Austral: Em 1983, venceu as eleições para a presidência da Argentina o advogado de esquerda Raúl Alfonsín, do partido UCR, ligado à Internacional Socialista. Embora rival durante décadas do partido peronista, Alfonsin e seu partido adotaram medidas semelhantes. O marco econômico do governo Alfonsín foi o Plano Austral. Pressionado pela dívida externa insustentável, desemprego de quase 10% e a inflação de quase 209%, a solução foi recorrer ao FMI, que exigiu cortes nos gastos públicos.

Em março de 1985, quando a dívida externa explodiu, o FMI negou créditos adicionais e a solução encontrada foi um plano emergencial, o Plano Austral. Esse plano congelava preços e salários, interrompia a impressão de dinheiro, organizava cortes de gastos e estabelecia uma nova moeda, o Austral. O plano sufocou a inflação por um período, que aumentou novamente até o fim do ano. A CGT, central sindical argentina, se opôs ao congelamento salarial, e a comunidade empresarial, ao congelamento de preços. Alfonsín pensou que a privatização de alguns ativos do Estado e uma desregulamentação da economia poderia funcionar, mas essas propostas foram objeto de oposição dentro de seu próprio partido.

Paralisado pelo monstro que criou, Alfonsín lançou o "Plano da Primavera", que tinha o objetivo de manter a economia estável até as eleições, congelando preços e salários e reduzindo o déficit federal. Esse teve uma recepção ainda pior do que o Plano Austral, sem nenhum apoio popular ou parlamentar. O Banco Mundial e o FMI se recusaram a conceder créditos à Argentina. Os grandes exportadores se recusaram a vender dólares para o Banco Central, o que esgotou suas reservas. O Austral foi desvalorizado e a inflação alta se transformou em hiperinflação. No cerne do problema, mais um governo que não reformou o modelo peronista.

A eleição presidencial de 1989 ocorreu durante essa crise, e o Justicialista — leia-se partido peronista — Carlos Menem, tornou-se o novo presidente. A inflação havia crescido tanto que Alfonsín transferiu o poder para Menem em 8 de julho, cinco meses antes do previsto.

Menem e a dolarização: Se a inflação estava descontrolada na Argentina a ponto de Alfonsín passar o bastão com cinco meses de antecedência, Carlos Menem, que ainda permaneceu dez anos no poder, resolveu solucionar o problema econômico com a fórmula mágica da dolarização da economia. O economista brasileiro Luiz Carlos Bresser Pereira, em artigo para o jornal *O Estado de S. Paulo*, em março de 1991, avaliou que essa dolarização apenas institucionalizou uma prática que já estava em curso desde os anos 1980, com a alta crônica da inflação na Argentina.

> Esse quadro refletia, em última análise, a crise fiscal do Estado argentino, a perda total do crédito público, e, por consequência, a perda de confiança na moeda nacional, que tem como único garantidor o Estado. Mas, em adição a essas características, que também estão presentes no Brasil, havia este fato adicional relativamente autônomo: a dolarização crônica, que durante anos, através de um complexo processo, se institucionalizou na Argentina.

Já que com fórmulas mágicas não há como governar, Menem foi mais um que não fez a lição de casa e não reformou o peronismo, apenas privatizou algumas empresas com o fim de gerar caixa para equilibrar contas e acabou transformando setores de monopólio público em monopólio privado. No fim do século XX, a crise econômica e instabilidade política voltariam, com cinco presidentes sucessivos, Fernando de Rúa, Ramon Puerta, Adolfo Rodriguez, Eduardo Camaño e Eduardo Duhalde, em menos de três anos!

Corrupção e os Kirchner: Néstor Kirchner assumiu a presidência em maio de 2003, também pelo partido Justicialista (peronista), com promessas de reformas profundas no campo político e administrativo. Junto com sua mulher e sucessora, Cristina Fernandez Kirchner, quando entraram na presidência, aumentaram em quase 800% seu patrimônio. Depois da morte de Néstor, Cristina foi condenada em 2022 a seis anos de prisão por corrupção em empresas estatais, sendo considerada também inelegível, mas os inúmeros processos que correm em Santa Cruz, curral eleitoral dos Kirchner, ainda estão sendo protelados por autoridades locais.

Em velho estilo peronista e similar ao modelo Lula, Néstor procurou reconstruir a atividade industrial argentina via governo, contratando obras. Suas políticas foram acompanhadas por uma retórica populista favorável aos pobres. No entanto, apesar da aparente prosperidade financeira, não houve diminuição significativa no número de pessoas na pobreza, que era de oito a dez milhões de pessoas, ou quase 25% do país.

O que a era Kirchner entregou, de fato, foram os maiores escândalos de corrupção da história argentina; desvios que começaram desde o governo peronista, passando por Alfonsín, governos militares e Menem, mas levados a níveis superlativos pelo casal Kirchner e seus assessores e ministros.

Com os gastos de Kirchner, a maioria dos empregos disponíveis estava em obras públicas. Portanto, a população já tinha conhecimento de seu histórico de esquerda progressista, ao qual acrescentou uma série inigualável de escândalos de corrupção. O fato o fez desistir de um segundo mandato em 2007, para apoiar sua mulher, Cristina Kirchner, eleita pelo mesmo partido. Ela foi presidente por dois mandatos e com larga margem de vantagem sobre outros candidatos, com o mesmo discurso populista e mimetização do ícone "Evita", mãe dos pobres e dos trabalhadores. Resultado: em vez de fazer a lição de casa e resolver os problemas econômicos, marido e mulher em seus governos só renegociaram dívidas e "empurraram com a barriga" as contas, que hoje despontam em hiperinflação.

Sua política econômica tem dois pontos principais: o primeiro, aumento do gasto público com fins de redistribuição de renda; e o segundo, política fiscal e cambial favorável à invasão de capital privado. A crise mundial de 2008-2009 expôs as frágeis políticas econômicas da Argentina, aprofundada em âmbito local pelo desemprego, pela inflação e pouca resposta do governo de Cristina, que teve seu governo desgastado e a levou a ser derrotada nas eleições pelo candidato da direita, Maurício Macri. Parecia mesmo o fim. Só que não.

Macri, o Meigo: Em dezembro de 2015, o engenheiro, empresário e executivo Maurício Macri é eleito e se depara com a situação de economia estagnada. As contas do governo estavam no vermelho e havia crise de desconfiança do público e dos investidores. As reservas federais estavam vazias, a inflação chegava a 30% ao ano, a situação fiscal era apertada e havia grande déficit orçamentário. O governo Macri começou por estabilizar o peso, permitindo aos argentinos comprar moedas estrangeiras com mais facilidade e pouco controle. Cotas de exportação e tarifas sobre soja, milho e trigo foram reduzidas consideravelmente. Medidas de austeridade e corte de gastos foram tomadas, mas muito limitadas. A estratégia de reformar aos poucos não foi rápida o bastante para conter a inflação, e o desemprego e a dependência do assistencialismo continuaram altos.

Em 2019, no meio do caos econômico e recessão, Macri tentou a reeleição, mesmo com popularidade em baixa. Suas propostas de austeridade para balancear o orçamento acabaram não se concretizando, e o PIB retraiu em três dos quatro anos em que esteve no poder. O peso se desvalorizou, a inflação bateu recorde chegando a 56% ao ano, os índices de desempregados subiram de 8% para 10% e o número de pessoas vivendo abaixo da linha da pobreza subiu de 29% para 35%. Incapaz de reformar o peronismo, Macri acabou derrotado pelo candidato socialista Alberto Fernández.

Fernández, o Breve: O presidente seguinte da Argentina foi reflexo de todos os problemas do país: peronismo. Ele tem ligação histórica com sua vice, Cristina Kirchner; com Néstor Kirchner, de quem foi chefe de gabinete; e com Carlos Menem, de cujo governo participou.

Ao tomar posse, encontrou uma grave crise econômica, com taxa de pobreza de 40%, recessão de 3,1% em 2019 e inflação de 55%. Alberto Fernández então anunciou uma série de medidas na contramão de reformas e assumiu medidas típicas de peronista. O resultado? Desastre, como sempre. A alta inflação, que assolava a Argentina desde pelo menos 2011, atingiu seu ponto mais alto na história no início do governo Fernández, 53,8%, e não parou de crescer desde então: o último registro do Indec marcou uma inflação de 115,6% em junho de 2023. Entretanto, atormentado por uma inflação alta e popularidade baixa, decidiu não tentar se reeleger nas próximas eleições presidenciais.

Agora vai? O peronismo é socialismo, sindicalismo, assistencialismo, corrupção, instabilidade, inflação e crise resumidos em uma só sigla. Ao todo já se foi quase um século com calotes nos credores, perdas sucessivas de confiança na moeda, planos de emergência falidos, alta inflação, alta na pobreza e alta instabilidade política. E é em mais um cenário de desastre peronista que aparece Milei.

Se o peronismo reúne tudo o que há de arcaico e nefasto em uma só sigla, a tragédia maior é sufocar quem surge para reformá-lo. Essa trajetória longa e desastrosa da Argentina ainda espera um desfecho que só pode acontecer por meio de reformas do Estado argentino. Milei venceu, mas o povo quer o que ele representa ou está desesperado, disposto a aceitar qualquer alternativa? A saída é dolarizar? E quem financia o governo se ele acabar com o banco central? Essas são questões para serem respondidas pela Argentina de agora, que tem o peronismo no passado. Será?

NINGUÉM MEXE COM O PERONISMO

Perón criou as bases do peronismo antes mesmo de seu primeiro mandato como presidente da República. Tão popular foram suas benesses que depois foi eleito presidente com amplo apoio popular. Mas mesmo antes de seu segundo mandato, Perón já sofria com a crise econômica aguda que o peronismo havia criado e não viveu para resolver nenhum de seus problemas. A partir desse período, todos os presidentes argentinos tentaram fazer o peronismo dar certo com fórmulas econômicas mirabolantes. Nenhum deles tentou acabar com o peronismo.

O resultado foram crises e mais crises recorrentes. O presidente Javier Milei tem um discurso focado na economia, mas que diretamente afeta as bases do peronismo. Para alcançar seus objetivos, programou reformas profundas no próprio Estado, divididas em três etapas, que devem ser implementadas em sequência:

1ª Etapa:
- Reforma fiscal: redução de gastos públicos e de impostos;
- Reforma trabalhista: flexibilização de contratos de trabalho;
- Reforma comercial: facilidades para livre comércio, sem restrições de importação e exportação;
- Reforma monetária: dolarização.

2ª Etapa:
- Reforma previdenciária: privatização do sistema previdenciário;
- Reforma do bem-estar social: aposentadorias precoces dos funcionários federais e gradual redução de benefícios assistenciais.

3ª Etapa:
- Reforma na Saúde: fim de regulamentações;
- Reforma na Educação: liberdade para escolas adotarem seus currículos e *voucher* escolar.

Milei também propõe cumprir leis já aprovadas, como a concessão de porte de armas a civis, além de maior controle de fronteiras, com restrição de visto a estrangeiros com antecedentes criminais e sua deportação, caso tenham cometido crimes na Argentina.

Reformas requentadas: Muitas dessas propostas já foram apresentadas por peronistas. Pautas como dolarização, equilíbrio fiscal e privatizações foram recorrentes em governos anteriores. Alfonsín era socialista e foi o primeiro a tentar dolarizar a economia. Menem, peronista, obteve mais sucesso nessa empreitada, mas não foi suficiente para conter a crise, além de ser responsável por um polêmico plano de privatizações. Desde os anos 1980 os presidentes argentinos, socialistas e peronistas, se submeteram ao regime de controle de gastos exigidos por bancos internacionais como requisito para obterem linhas de crédito. Foram muitas as tentativas.

Esse histórico de crises do peronismo comprova que seus presidentes sempre se ajustam ao contexto para se manter no poder, mas nunca promovem uma reforma profunda. Desde o fim dos anos 1940, o peronismo tem sido a força dominante da Argentina, responsável pela sequência de crises que o país tem vivido ao longo das últimas décadas. Mesmo Perón foi vítima das crises geradas por seu próprio sistema, como pontuei aqui no item anterior.

Peronismo, o "Estado social argentino": O peronismo transformou a Argentina em um Estado socialista por obrigação constitucional. Mesmo que um governo liberal, que seja a favor do livre mercado, seja eleito, o Estado obriga o governo a manter as estruturas do socialismo. O Estado social é fundamentado nas narrativas de "justiça social" que corrompem sua função original: em vez de proteger e garantir liberdades e direitos fundamentais dos cidadãos, o Estado social prioriza a distribuição de renda.

Com isso o Estado social transforma juízes, políticos e burocratas em agentes poderosos com a capacidade de ditar à sociedade como ela deve viver. Violam direitos e liberdades fundamentais para executar sua missão ambígua de fazer justiça social. Isso mesmo, peronismo, Estado social e socialismo não são sinônimos de democracia; são sinônimos de ditadura de Estado.

Nesse modelo, o Estado dirige a economia, protege as grandes empresas com subsídios, cria estatais, controla preços, exige altos impostos da população e regulamenta toda a atividade econômica. O objetivo de todo esse controle é aumentar a arrecadação para financiar o constante aumento de gastos e a criação de estruturas de assistencialismo permanentes: serviços públicos de "bem-estar social" como Saúde, Educação e Previdência.

No melhor dos casos, tais medidas geram resultados questionáveis de melhoria na qualidade de vida da população, mas indubitavelmente causam crises recorrentes e milhões de eleitores dependentes desses serviços. E é esse o aspecto que as torna fonte de poder político eterno para a esquerda.

Em um Estado social, os investimentos que efetivamente promoveriam uma economia de mercado moderna e dinâmica — como alta tecnologia, infraestrutura, portos, comunicação e transporte — são minimizados ou reduzidos a zero. Por isso, esse modelo de Estado condena países à eterna dependência da importação de inovações, relegando gerações de cidadãos ao lodaçal da mediocridade e baixo crescimento.

Como se não bastasse, investimentos em defesa, que tornariam o país mais soberano e com mais poder de barganha internacional, são reduzidos, transformando o país em colônia dos interesses internacionais. Se isso soa familiar aos problemas do Brasil, é porque é.

O povo tem medo de reformistas: Tanto no Brasil quanto na Argentina ninguém surgiu para reformar seus respectivos Estados. Para fazer ajustes nas instituições e nas políticas de assistencialismo apareceram vários, tanto da direita quanto da esquerda, mas para reformá-lo de verdade, ninguém. É o padrão de covardia política que se criou na região. Os políticos da direita conscientes dessa omissão se justificam por trás do mito de atingir um "Estado mais eficiente", coisa que nenhum Estado no mundo atingiu. A covardia tem fundamentos eleitorais: uma parcela dos eleitores tem medo de reformar aquilo que os sustenta. Por isso ninguém reformou o peronismo ou o Estado social do Brasil até agora.

Sem liderança política ampla, ninguém conseguirá reformá-los, pois o peronismo, como mencionado, se tornou o Estado, e para reformar o Estado não basta substituir um governo peronista por um governo liberal. Milei não propõe meros ajustes, ele propõe reformas de verdade. Por essa razão uma parcela expressiva do eleitorado argentino tem medo de suas propostas. Preferem a proposta de "ajustes" e de "Estado eficiente" dos demais candidatos.

Apesar de Milei não ser uma liderança política de ampla adesão, é uma liderança ideológica importante, que colocou em debate para a população o Estado social da Argentina. Ele se contrapôs às ideias que sustentam o peronismo a ponto de calar vários peronistas ao perceberem que existem alternativas ao socialismo e há necessidade de adotar essas alternativas urgentemente.

Enquanto essa visão não se materializar na opinião pública de forma mais dominante, haverá sempre uma parcela expressiva de dependentes que não pularam do barco do peronismo mesmo que esse já tenha afundado. Todo candidato peronista segue o que o economista socialista John Maynard Keynes dizia: "No longo prazo todos estaremos mortos". Por isso sustentam que crises requerem mais intervenções do Estado na economia, e não menos. Preferem fazer ajustes de baixo impacto no curto prazo, ao invés de reformas de alto impacto para o longo prazo. Essa é a visão do eleitor temerário.

Se Milei conseguir mostrar o quão errado são essas premissas, como é rápida a criação de alternativas e quais são os detalhes no caminho da transição, o medo dos eleitores diminuirá e ele de fato poderá reformar o Estado social da Argentina. Caso contrário, os argentinos dependerão, mais uma vez, do futuro.

CAPITALISMO PROGRESSISTA, SÓ OUTRO NOME PARA SOCIALISMO

No fim dos anos 1990, quando trabalhava em um banco de investimentos, fui chamado para intermediar uma transação de compra entre uma multinacional francesa e uma rede de supermercados da Colômbia. Por questões legais, a conclusão do negócio deveria ser em pregão de bolsa, só que a bolsa da Colômbia estava fechada há décadas. Compra e venda de participação em empresas naquele país eram feitas "em balcão", sem pregão, com pouco volume e baixa liquidez.

Por isso, tiveram de abrir a bolsa por um dia só para fechar o negócio. Entrei naquele imóvel clássico abandonado, com preços marcados em giz no quadro-negro, sem uso há mais de trinta anos. Foi surreal. Fiquei inquieto ao ver um belo país como a Colômbia sem um mercado de capitais local ativo. Não demorou para imaginar se o mesmo ocorresse no Brasil, um mercado relativamente grande se comparado aos demais da região, mas muito pequeno diante do mundo.

Ver as bolsas fechadas em mercados grandes também não é novidade. A Rússia fechou a sua em 1917 e só reabriu 75 anos depois. A China, em 1952 e só voltou às atividades depois de 37 anos. Entretanto, mesmo ao serem reabertas, nunca mais foram as mesmas, devido ao alto nível de controle do Estado.

A verdade é que se fecharmos nossa bolsa de valores, os mercados mundiais não serão afetados; será nossa classe média que sofrerá. Por quê? Por cinco razões: primeiro, as empresas que formam preços dos produtos que fornecemos mundialmente não estão estabelecidas no Brasil, pois assim como a exemplo da empresa francesa, que comprou a colombiana para aumentar suas receitas, e o ganho dessa compra foi consolidado na França, ganha quem investe através da bolsa de lá.

Segundo, porque somos, aos olhos dos mercados mundiais, um mero fornecedor de commodities. Não somos distribuidores, transformadores ou mesmo os maiores consumidores de nossas próprias matérias-primas. Os mercados com as empresas que exercem essas atividades transformadoras são os que estabelecem preços. Nós nem sequer estabelecemos preços de nossas commodities, quanto mais dos mercados locais, quase inexistentes.

Terceiro, nosso mercado de capitais nunca teve a chance de crescer: sofremos com governos que gostam de planejar a economia — um modelo historicamente interventor, que tem muita regulamentação e taxação, aquilo que os socialistas chamam de "avanços". Em outras palavras, em vez de reduzir as regulamentações e permitir que vários mercados surjam, estamos nos autorrestringindo, pois observamos um número cada vez menor de setores e empresas se viabilizarem e um número restrito de empresas que conseguem abrir seu capital.

Quarto, a nossa bolsa tem dono. Sim, aparentemente um grande fundo internacional é dono da maior bolsa brasileira e faz lobby político intenso para permanecer como a única bolsa do Brasil e poder forçar as nossas empresas a abraçarem a agenda restritiva do ESG — Ecologia, Social e Governança. A política de exigir que as empresas demonstrem investimentos em ESG é cara e inibidora para empresas médias e pequenas. Sugiro ao leitor que pesquise o tema.

Quinto, nossas agências reguladoras e o CADE criam cartéis e não livre concorrência. A única ajuda que prestaram serve para garantir mercado e financiamento para grandes empresas. Diante de países desenvolvidos, o Brasil é um país de cartéis empresariais que sufocam a livre-iniciativa e reduzem a concorrência.

É possível que nunca cheguemos ao ponto de fechar nossas bolsas, não por mérito da sociedade empreendedora, mas pela evolução dos socialistas fanáticos por controle. Eles perceberam que não precisam ser donos do capital se podem controlá-lo por meio de leis, agências reguladoras e impostos. Esse tipo de controle de todo o mercado brasileiro é crescente. Os termos "capitalismo de Estado", "fascismo econômico", "capitalismo planejado" e, sua última versão, "capitalismo progressista" significam a mesma coisa: neosocialismo, e seus inimigos sempre foram a classe média, a livre-iniciativa, o pequeno e médio empresário, o empreendedor e o mercado de capitais livre de interferências de governos, cartéis, oligopólios e monopólios.

Ter um mercado de capitais local pujante é fundamental não somente para estabelecer preços, dar liquidez e acesso a capital para as pequenas empresas locais, mas também para promover impacto social real e sustentável, independente do Estado; representa oportunidade para a classe média participar dos ganhos das empresas locais as quais ela conhece ou nelas trabalha.

O mercado de capitais local ativo, de livre acesso para investidores e empresas, proporciona enriquecimento para a classe média, e sabemos que as forças políticas nacionais e internacionais que agem no nosso país não querem ver nossa prosperidade. Apesar da evolução do nosso mercado de capitais em número de investidores, observamos recentemente a pressão contrária crescente por meio do capitalismo progressista do ESG.

Nossa bolsa e legisladores têm fomentado regulamentação favorável ao ESG sem contraposição efetiva até o momento, muito porque a opinião pública ainda não se deu conta do perigo que representa para si e para a sociedade. Assim como os brasileiros lutam por mais democracia, transparência e liberdade, têm de lutar por um mercado mais livre, abrangente e acessível. Sim, esses temas andam juntos e um não sobrevive sem o outro.

TRAFICANTES E TERRORISTAS

Ou mercenários do poder. Esse também seria um bom título para este capítulo, uma vez que os grupos de esquerda usam majoritariamente os traficantes para dominar governos e populações na América Latina. No Oriente Médio, esse papel é exercido pelos terroristas de várias denominações, como Hamas, Hezbollah e outros. De forma paradoxal, nesses dois sistemas as teorias, práticas e políticas socialistas caem por terra.

Perigo bate à porta: E por quê? Esses dois grupos, narcotraficantes e radicais islâmicos, agem como senhores feudais dos territórios que controlam. Não lutam pelo bem comum, ou mesmo pelos ideais socialistas. Vamos apenas relembrar as pautas historicamente defendidas pela esquerda: coletivização da produção em prol da "justiça social e da igualdade", estatização, centralização de poder, dentre outros. Nada disso ocorre. Tanto os terroristas como os traficantes controlam todo o patrimônio de regiões sob seu comando.

Em sistemas mais avançados, como o do México, que está lidando há muitas décadas com os narcotraficantes, eles são donos não só de mineradoras, meios de transporte e mídia; mas também de pessoas: juízes, administradores públicos e políticos. O mesmo acontece com modelos encabeçados por terroristas no Oriente Médio: praticamente ditadores, controlam o patrimônio público de regiões, seus líderes são riquíssimos e vivem muito bem fora das zonas de conflito. Adicionalmente, gerem todos os ativos provenientes de doações humanitárias no mundo, sem fazer chegar os recursos às populações necessitadas. A mesma situação ocorre com o domínio dos "narcos" na Venezuela, em outros países da América do Sul e parte do México.

De novo, Brasil no caminho errado: A esquerda brasileira está no mesmo caminho. Muitos estudantes ingenuamente acham que podem usar esses grupos subversivos como alavancas para obter o poder. Só que essa "alavanca" acaba custando caro, pois ela se torna o poder, e aqueles que seriam os "verdadeiros socialistas" acabam fazendo parte do tráfico ou do terrorismo. Deixam de ser ideólogos da esquerda e suas políticas passam a não existir mais ou ser inexequíveis.

Maquiavel já preconizava que, ao usar mercenários em uma guerra, tem-se o pior tipo de exército, porque em primeiro lugar os soldados são indisciplinados e não têm o mesmo intento; e em segundo, há alto risco de se perderem as conquistas para os mercenários. É exatamente isso o que ocorre com a esquerda brasileira. Então, sabendo de todo o equívoco a que pode incorrer, por que a esquerda usa essas forças ilegítimas e por que no Oriente Médio os movimentos de esquerda são os terroristas? Porque os esquerdistas não têm força ideológica para convencer a maioria — eles são, efetivamente, uma parcela mínima da sociedade — e o terrorismo afeta a todos indiscriminadamente, uma força muito mais poderosa, assim como o narcotráfico. Trata-se de um poder abrangente e amedrontador, e a política do medo sufoca as ideologias, o mesmo modelo em dois contextos não tão diferentes.

Suicídio político: A esquerda brasileira, sobretudo intelectuais e socialistas tradicionais, está cometendo o erro histórico de se apoiar no narcotráfico e no terrorismo internacional para defender seus interesses. Como esses grupos, que atemorizam suas regiões, não detêm a maior parte da população a seu lado, o que fatalmente vai acontecer, e já está acontecendo, será a perda do pouco poder que ela tem para esses mercenários. Apoios velados ou abertos do ocupante do Palácio do Planalto e de seu ministro da Justiça a esses grupos escandalizam os cidadãos brasileiros, muitos já fragilizados diante da barbárie a que têm assistido desde o ano passado.

Um bom estudo de caso, já que muitos esquerdistas têm como modelo a União Soviética, é o do presidente Vladimir Putin, que comandava talvez a maior máfia que já existiu, a KGB, em que funcionários públicos altamente qualificados eram arregimentados para impor um Estado policialesco. Ele dominou todas as outras máfias de seu território e sufocou outras; na China, a mesma situação: Xi Jinping e outros líderes comunistas se impuseram sobre qualquer outro grupo que os ameaçasse e se tornaram o poder dominante. Esses grupos terroristas, seja no Ocidente ou no Oriente, não toleram vozes dissidentes ou discussões sobre alternativas. São totalitários, mas não exatamente de esquerda, pois as políticas sociais apregoadas deixam de ser prioridade. A manutenção de um poder central forte, fascista, é o modelo predominante quando se adota a dinâmica de apoiar quem não tem legitimidade para falar pela sociedade.

4.
O MÉTODO DO PROBLEMA

POR QUE O GOVERNO NÃO ESTÁ NEM AÍ PARA O MERCADO?

A resposta à questão-título que abre este capítulo é aparentemente simples: novas oligarquias tomaram o poder.

Em 2002, os agentes econômicos e os políticos locais tinham grande influência na condução da política e da economia no Brasil. Governar sem eles era impossível. Entretanto, em 2022 a conjuntura mudou. Temos novos jogadores, maiores e mais poderosos: fundos internacionais, governo Chinês, governos europeus e norte-americanos, ONU, dentre outros; globalistas que representam maior peso na balança política.

Individualmente, tais agentes comandam valores várias vezes superiores ao PIB do Brasil, já controlam a maior parte dos ativos por aqui e têm uma agenda política coesa. Em segundo plano vêm os criminosos do narcotráfico regional, que cresceram muito; os governos latino-americanos e o Foro de São Paulo. São os guerrilheiros marxistas anacrônicos que nunca saíram do século XX. Eles têm interesses comuns com os agentes globalistas, pois por meio do socialismo oferecem um método de controle absoluto, objetivo primordial da agenda global.

Todos esses grupos formam a nova conjuntura de oligarquias supranacionais, um cartel internacional que ultrapassa o poder de influência e os interesses das tradicionais oligarquias locais, ou seja, a agenda política das novas oligarquias é mais importante, e elas pagam mais para ver governos alinhados a ela. Vencer o inimigo dessa agenda tornou-se mais importante do que eleger um governo de "gestão eficiente".

Quanto às oligarquias locais anteriores (bancos locais, construtoras, grandes empresas, empresas denunciadas na Lava Jato etc.), elas são meros corruptores que voltaram à ativa, mas ficam em terceiro plano em termos de influência política e imposição de limites de interferência econômica. Isso explica, em parte, a enxurrada de notícias ruins contra o mercado local, sem muita preocupação com as consequências, como a inflação, o desemprego e a queda de investimentos. A outra parte é explicada pela mistura de idiotice ideológica, notório vínculo com o crime organizado e a desqualificação dos novos ministros.

Esse último aspecto, aliás, não é bem-visto por ninguém, nem mesmo pelos globalistas, mas por enquanto não impede que Xi Jinping, Biden, Trudeau, Macron e outros apertem a mão de bandidos sem pudor. Há indícios de alinhamento entre os globalistas e os revolucionários em alguns pontos; estão unidos no combate ao nacionalismo, conservadorismo e ao capitalismo, mas não estão 100% alinhados nos métodos e na partilha dos resultados. Essa perspectiva precisaremos explorar em um segundo momento.

Um dos desdobramentos lógicos é que se os oligarcas brasileiros, o terceiro grupo, reclamarem demais, precisam se cuidar para não terminarem como os oligarcas de todos os outros países, que foram dominados pelo Foro de São Paulo, exilados, sem comando dos seus ativos e perdidos no eterno questionamento de onde erraram. Para que os nossos oligarcas não tenham dúvidas, deveriam tomar conhecimento dos dois grupos anteriores, principalmente quem ainda acha que "com o novo governo seria mais fácil dialogar".

Os incautos só agora perceberam que a agenda política vai se sobrepor à econômica, e isso não é convívio, é sobreposição, mesmo, e nessa nova realidade uma coisa é certa, os grandes empresários brasileiros já perderam a liquidez de seu patrimônio. Duvidam? Quem vai investir ou mesmo comprar empresas com um governo empenhado em matar o mercado?

Matar o mercado. Essa expressão não é exagerada? Não. Mas a afirmação exige explicações que vamos entender a seguir.

A PORTA DOS FUNDOS PARA O PODER ABSOLUTO

Quem é o poder por trás do poder? É a "eminência parda". Quando esse termo surgiu no século XVII, na França, quem desempenhava esse papel era Leclerc, assessor do Cardeal Richelieu, que comandava sem aparecer. No atual governo do Brasil é o STF quem exerce essa função. O STF é a única organização capaz de dar suporte a um governo natimorto, impopular, sem base parlamentar e sem sustentação em diversos segmentos da sociedade. A imprensa, os intelectuais, os políticos, os ativistas e os empresários sabem, mas o silêncio sobre o assunto incomoda a todos.

O STF deveria ser a corte revisora de temas constitucionais, que são a base de todo o sistema judiciário, além de ser o exemplo de isenção e zelo pelas leis e pela Constituição. Deveria, mas, em vez disso, o órgão concentrou poder e diversas competências. Tornou-se não somente o maior violador de leis e da Constituição, como também o gargalo de todo o sistema judiciário. Nesse processo de concentração de poder ao longo de trinta anos, o STF se tornou o poder por trás de todos os Poderes, interferindo em todos os temas e em todas as esferas da Federação.

Todos os juízes concursados de carreira sabem disso e muitos se incomodam com essa involução. O resultado é óbvio: o fim do frágil e mal desenhado Estado de Direito, criado na Constituição de 1988. Acaso algum desses magistrados incomodados se manifestou ou sugeriu alguma proposta? Claro que não. São passivos e deixam que os "juízes" nomeados, não concursados e sem experiência na magistratura, notadamente juízes das supremas cortes (STF e STJ), arvorem-se cada vez mais no poder. Cabe, portanto, aos legisladores proporem mudanças.

No cerne desse problema está o processo de nomeação para as altas cortes. Ao longo dos últimos trinta anos da Sexta República, quem o presidente da República escolheu como juiz atingiu não somente o STF, como todo o Judiciário. Olhando o passado, na verdade poucos juízes foram nomeados e muitos advogados sem experiência na magistratura têm recebido o benefício de comandar o Judiciário, e esse é apenas um detalhe. Acuado e sabedor de que essa situação de total descrédito não pode perdurar, ainda assim resiste às reformas necessárias para modernizar e garantir a estabilidade do sistema político, que tem sido abalado com sua atuação sem freios e contrapesos.

A PEC do Judiciário é uma realidade e mesmo a imprensa manipulada pela esquerda e parlamentares da situação admitem que reformar o Poder Judiciário é dar um passo importante para garantir o Estado de Direito. Mas, em que consiste essa PEC que estamos propondo desde 2022 e que já alcançou a marca de mais de setenta assinaturas na Câmara dos Deputados?

Na organização da Justiça:

O STF se torna corte constitucional, composta por ministros com mandato de dez anos, com idade entre cinquenta e sessenta e cinco anos de idade; e que comprovem pelo menos vinte anos de atividade judicante; sendo indicado de diferentes formas e vedada a recondução;

- O STJ e os tribunais absorvem as demais competências do STF;
- São redistribuídas as competências dos tribunais superiores e do STF para outras áreas do Judiciário e vedadas férias coletivas nos tribunais superiores;
- As competências da Justiça Eleitoral e do Trabalho também são incorporadas e redistribuídas para a Justiça Comum. Apenas a Justiça Militar será mantida em caráter especial, pois trata de temas relativos ao Estado: crimes contra a soberania nacional, violação da integridade territorial, terrorismo, espionagem, crimes de lesa-pátria, de guerra e operações militares;

- Estabelece limites para o Conselho Nacional de Justiça (CNJ), que desempenha apenas a função de Conselho Administrativo;
- Extingue o foro privilegiado, apenas o presidente da República é julgado pelo STF, as demais autoridades passam pela Justiça Comum.

Quanto a juízes e membros do Ministério Público:
- Dá estabilidade, mas acaba com a vitaliciedade;
- Estabelece idade mínima de trinta anos para ingresso e cinco anos de experiência jurídica comprovada;
- Retira OAB do processo, com ingresso apenas por concurso;
- Extingue o quinto constitucional, regra que indica para compor os tribunais membros do Ministério Público e advogados indicados pela OAB;
- Mandato de dez anos para ministros, apenas juízes de carreira, escolhidos por lista tríplice e sem recondução;
- Mandato de cinco anos para ministros do STJ, sem recondução e com idade mínima de quarenta e cinco anos;
- Abre a possibilidade de eleição de retenção por referendo popular, tanto para magistrados quanto para membros do MP.

Tribunal Superior Eleitoral e Autoridade Nacional Eleitoral:
- O TSE se converte apenas em corte jurisdicional e a execução das eleições passa para a Autoridade Nacional Eleitoral, uma espécie de autarquia.

Como publicado no artigo "Reforma Escravocrata?", na *Gazeta do Povo*, todos aqueles que ousam apoiar essa proposta de emenda à Constituição são acusados de serem escravistas por pessoas que nem sequer leram o teor do projeto. A PEC incomoda, mas ninguém quer debater se as mudanças são boas ou não. O método que utilizam para se defenderem é o uso da maneira baixa e vil, conforme um grupo de extrema esquerda, que por si só denuncia a necessidade de se modernizar o sistema judiciário.

Diante de tantos controles e prerrogativas que conquistaram para exercer o poder, é compreensível que o STF, a eminência parda nos bastidores do sistema, pressione veículos de mídia, deputados e população a abrirem mão do direito legítimo à justiça, para preservar seu poder absoluto.

No balanço de não haver propostas modernizantes além dessa, a tendência é o enfraquecimento do nosso Estado de Direito e o reforço a um Estado arbitrário.

STF: O PODER VIOLADOR

As violações da Constituição se tornaram padrão por parte do STF. Incluídas violações de cláusulas pétreas. Ou seja, para alterar uma cláusula pétrea na Constituição que tende a abolir direitos fundamentais é necessário convocar uma constituinte. O Poder Constituinte limitou o poder constituído de relativizar ou violar cláusulas pétreas. Bem, ao menos é isso que se infere da Constituição de 1988, mas o STF já mudou isso na prática e não avisou ninguém.

Fica patente que a Constituição de 1988 não é mais válida para o Judiciário. Está evidente também que essa constituição sofreu o pior defeito: não criou uma instituição que a protegesse. O STF deveria ser essa instituição, mas se aproveitou de brechas no texto para que fosse violada. Lembrando que a Constituição só permite ao STF ser a corte que deve guardar e zelar pela Constituição, não modificá-la sem os devidos ritos. Apenas uma nova modalidade de poder que vem para se somar a todas as demais formas de violações de direitos fundamentais, ou melhor, de tomada de controle do sistema político.

De quem é a culpa? Vimos nos últimos trinta anos de "Constituição Cidadã" vários grupos controlando o sistema político brasileiro. Antes da ascensão desse poder do STF, o sistema brasileiro sofria com as imposições das agências reguladoras aparelhadas pelo Executivo, a ação do cartel de partidos políticos do Centrão, de políticos e burocratas corruptos nas estatais, de governadores e prefeitos desviando verbas da Saúde, Previdência e Educação, do crime organizado no comando de juízes e regiões do país, dentre outros. Em vez de uma evolução para o bem, vimos a involução para o mal. Há muitos culpados, mas o maior deles é o sistema constitucional, que desconhece como o sistema político criado por ele mesmo se comportou ao longo do tempo. O resultado é o desastre que observamos, causado mais por um sistema falho do que pela ação de personalidades espúrias.

Medão da direita ou falta de quórum? A ala conservadora que surgiu nos últimos dez anos tem medo de discutir temas constitucionais. Não conta com juristas em número suficiente para fecharem fileiras contra a horda de juízes, desembargadores, advogados e organizações da esquerda. Há também falta de partidos da direita que levantem esse tema. A maioria dos partidos da não esquerda estão voltados a questões de financiamento eleitoral e não pautam temas, valores ou grandes discussões nacionais.

Também não há movimento da sociedade civil organizada para mobilizar a população quando há necessidade de defender um tema técnico. Por isso há muito temor de discutir qualquer proposta de reforma constitucional. Na verdade, há medo de discutir até mesmo emendas constitucionais, pois os parlamentares sérios e honestos acham que a esquerda, por meio de sua organização, vai conseguir piorar ainda mais a proposta.

Sem partido, sem sociedade organizada, sem agenda propositiva, a ala conservadora fica sempre refém da agenda da esquerda, forçada a negar por negar qualquer plano esquerdista, sem conseguir oferecer uma alternativa.

E daí? E daí que agora temos de nos mobilizar para fazer uma reforma do Judiciário e salvar o país da ditadura, e poucos parlamentares da direita o fazem. Se um mero ajuste no sistema judiciário não move esses parlamentares, o que dizer de uma revisão constitucional completa? Pois é, para aqueles que compartilham dessa mesma reflexão, não é consolo afirmar que sofro da mesma agonia.

Por não perceberem do que estamos tratando, alguns tentam negar a existência do problema maior. Afinal, temos ou não um problema tão grave? Sim, e é mais grave do que podemos relatar em um só capítulo, mas abaixo dou exemplos de algumas das violações mais recentes cometidas pelo STF contra a Constituição. Alguns ou todos certamente afetam os leitores deste livro:

- **Cobrança retroativa de impostos a empresas:** gera insegurança jurídica; viola a coisa julgada — art. 5º, XXXVI — a lei não prejudicará o direito adquirido, o ato jurídico perfeito e a coisa julgada; princípio da anterioridade tributária, art. 150, III, "b" — [...] é vedado [aos entes]: cobrar tributos: no mesmo exercício financeiro em que haja sido publicada a lei que os instituiu ou aumentou;
- **Equiparação de homofobia e transfobia a racismo:** viola princípio da anterioridade da lei penal — art. 5º, XXXIX — não há crime sem lei anterior que o defina, nem pena sem prévia cominação legal;
- **Equiparação da injúria racial a racismo:** art. 5º, XXXIX — não há crime sem lei anterior que o defina, nem pena sem prévia cominação legal;
- **Exigência do passaporte vacinal:** art. 5º, caput — viola direito à liberdade; art. 5º, II — ninguém será obrigado a fazer ou deixar de fazer alguma coisa senão em virtude de lei; art. 5º, XV — é livre a locomoção no território nacional em tempo de paz, podendo qualquer pessoa, nos termos da lei, nele entrar, permanecer ou dele sair com seus bens;
- **Proibição de ações policiais em favelas:** art. 5º, XI — a casa é asilo inviolável do indivíduo, ninguém nela podendo penetrar sem consentimento do morador, salvo em caso de flagrante delito ou desastre, ou para prestar socorro, ou, durante o dia, por determinação judicial; art. 144 — A segurança pública, dever do Estado, direito e responsabilidade de todos, é exercida

para a preservação da ordem pública e da incolumidade das pessoas e do patrimônio [...];
- **"Flagrante permanente":** alteração da lei sobre despejo em áreas rurais — "alteração da lei de terras invadidas: direito à propriedade — art. 5º, XI — a casa é asilo inviolável do indivíduo, ninguém nela podendo penetrar sem consentimento do morador, salvo em caso de flagrante delito ou desastre, ou para prestar socorro, ou, durante o dia, por determinação judicial;
- **Anulação de indulto concedido pelo presidente da República:** art. 5º, XLIII; art. 84, XII — conceder indulto e comutar penas, com audiência, se necessário, dos órgãos instituídos em lei;
- **Anulação das condenações da Lava Jato e de outros condenados que cometeram crimes de corrupção:** art. 37, caput — A administração pública direta e indireta de qualquer dos Poderes da União, dos Estados, do Distrito Federal e dos Municípios obedecerá aos princípios de legalidade, impessoalidade, moralidade, publicidade e eficiência; art. 37, § 4º — Os atos de improbidade administrativa importarão a suspensão dos direitos políticos, a perda da função pública, a indisponibilidade dos bens e o ressarcimento ao erário, na forma e gradação previstas em lei, sem prejuízo da ação penal cabível;
- **Caso Cleriston Pereira da Cunha, "Clézão":** várias violações do art. 5º; inciso LIV — ninguém será privado da liberdade ou de seus bens sem o devido processo legal; inciso LXVI — ninguém será levado à prisão ou nela mantido, quando a lei admitir a liberdade provisória, com ou sem fiança; inciso XLIX — é assegurado aos presos o respeito à integridade física e moral; inciso LXI — ninguém será preso senão em flagrante delito ou por ordem escrita e fundamentada de autoridade judiciária competente, salvo nos casos de transgressão militar ou crime propriamente militar, definidos em lei;

- **Bloqueio das contas da filha adolescente do jornalista Eustáquio:** violação de três itens no art. 5°; inciso LVII — ninguém será considerado culpado até o trânsito em julgado de sentença penal condenatória; inciso XLV — nenhuma pena passará da pessoa do condenado, podendo a obrigação de reparar o dano e a decretação do perdimento de bens ser, nos termos da lei, estendidas aos sucessores e contra eles executadas, até o limite do valor do patrimônio transferido; inciso LIV — ninguém será privado da liberdade ou de seus bens sem o devido processo legal;

E agora? Essas são apenas algumas das violações mais recentes, já as apontei em um artigo em minha coluna da *Gazeta do Povo*, em uma lista mais extensa de violações do STF contra os Poderes Executivo, Legislativo e mesmo o próprio Judiciário. Para o leitor mais assíduo sempre surge a questão, o que fazer? Foco, foco, foco. Sim, mas em quê? Percebemos que as mobilizações da sociedade engajam mais facilmente em torno de eleições de personalidades mais queridas ou em torno da rejeição de *personas non-gratas* da política brasileira. Está na hora de focar em temas, propostas, visões e objetivos.

A reforma do Judiciário é apenas um começo, agora atingível. A nomeação de ministros do STF claramente ideológicos e sem reputação profissional ilibada, deixa no ar dúvidas de que seu ministério deve acenar para organizações criminosas. É um tapa na cara de cada brasileiro honesto e trabalhador, que quer viver em um país livre e preservar seus direitos intactos. É preciso se mobilizar no contexto atual, e, para isso ocorrer, é preciso cobrar dos deputados que eles assinem propostas para reformar o Poder Judiciário e consertar o mal a partir da estrutura do Estado.

Moderador não, Violador: A pacificação do sistema político brasileiro, entretanto, só será possível com uma revisão constitucional completa. Para atingir esse objetivo, o primeiro passo é reconhecer que esse é o problema que causa todos os demais; o segundo é organizar grupos para discutir a visão de país e propor uma nova constituição que proteja essa visão. Uma vez cumpridas essas etapas, será consolidado um movimento de consciência e trataremos de tornar nossos objetivos realidade.

Até pouco tempo juízes do STF diziam ser o novo "Poder Moderador". Nunca o foram. O Poder Moderador exercido no primeiro e no segundo Império, sob a égide da Constituição de 1824 — guardiã da soberania nacional e dos direitos civis — não legislava, não executava e não violava a constituição que perdurou por mais de 67 anos sem quase nenhuma emenda. O STF se tornou mais um Poder que a Constituição de 1988 permitiu distorcer e interpretar seu texto de acordo com interesses próprios.

O que a maioria das pessoas não percebe é que além de violar a Constituição, o STF viola também a justiça e a cidadania, que inclui o sistema representativo, os direitos fundamentais, naturais e individuais. Quanto mais pessoas perceberem esse vínculo direto, mais importante será o movimento para libertar esta e as próximas gerações dos desmandos, que podem surgir de qualquer instituição do Estado.

A TRANSIÇÃO PARA DITADURA

Mao Tse Tung, Mussolini, Hitler, Stalin, Fidel Castro, Chávez e outros promoveram o que se chama hoje anarco-tirania, o período de transição após a tomada de poder e que é parte do processo para sua consolidação total.

O Livro Vermelho de Mao deixa claro que o processo de tomada de poder é apenas o primeiro estágio, ou seja, vem a seguir um período de combate aos "reacionários" e à "contrarrevolução". Ele estudou a Revolução Francesa e seu fracasso, bem como o sucesso da Revolução Russa, e já previa, em 1949, que segmentos da classe média na China se revoltariam, que o período de sedimentação seria longo e com alguns reveses. Entretanto, Mao estava confiante de que a força revolucionária triunfaria, pois com o poder formal tomado, o trabalho seguinte seria apenas liquidar as chances de outro grupo voltar. Em seus estudos, passado esse período de resistência e consolidação de poder, o terreno político estaria livre para implementar e exercer a hegemonia total.

Esse período intermediário de combate aos "reacionários" e "contrarrevolucionários" é chamado anarco-tirania. É o momento de enfrentamento e expurgo de resistências dentro do aparato estatal, assim como dentro da sociedade. É quando os agentes revolucionários usam o Estado para criar caos e agir como tirano ao mesmo tempo; sem obedecer a nenhuma moralidade, constituição, princípio legal ou direito individual. As ações, por serem do Estado, ganham falsos ares de legitimidade e não se restringem a liquidar pontos de resistência com força bruta, vão muito além: o Estado se transforma em promotor de destruição.

O caos e a anarquia: É engano pensar que o caos só desfavorece as forças organizadas do Governo e do Estado. É mais complexo e os interessados em política devem entender como o caos e a anarquia são utilizados por todos os agentes políticos para conquistar e consolidar poder.

As três fases: A primeira fase é quando o movimento revolucionário não está no poder, e cria o caos para desestabilizar os governantes objetivando destituí-los. A segunda fase é quando o revolucionário está no poder e usa o caos para reforçar seu poder ditatorial suprimindo resistências e todos movimentos geradores de caos, inclusive os que os levaram ao poder — sim, a revolução, assim como o demônio, sempre devora seus filhos.

A situação caótica, nesse caso, tem o objetivo definido de favorecer quem está no comando, pois este já se organizou para assumir mais controle, é um instrumento de destruição de resistências. Caos econômico, fiscal, monetário, social e administrativo são causadores de anarquia. Já a terceira fase é a mais nociva, a de institucionalização: é a consolidação totalitária, criação de uma nova constituição e novas instituições para garantir sucessão e perpetuação no poder.

E a anarquia? Há pensadores tanto do lado liberal quanto do lado marxista que defendem a ausência de governo, ou anarquia, como alternativa. Mas a anarquia na prática não existe; é tão fugaz que é difícil de observá-la na história do mundo por longos períodos. Por quê?

Não existe direito nem liberdades em um sistema anárquico. Ao contrário, todos revertem sua dependência a pequenos grupos, tribos ou famílias. E, quando se distanciam dessas aglomerações, tornam-se reféns do medo, receosos de perderem suas posses e liberdades para outros "agentes livres" que agem sem limites. Por isso as sociedades, quando se deparam com uma situação de caos que possa levar à anarquia, logo se organizam em torno de alguém ou um grupo que está formado para governar.

Ditadores amigos do caos: Para reforçar seu domínio, Stalin promoveu expurgos draconianos, sem lógica nem heurística, depois de sua ascensão para que todos o temessem e não conseguissem impedir que seu poder fosse consolidado na Rússia. Hitler tinha os "camisas marrons", que desestabilizaram a vida dos alemães antes e depois que assumiu o cargo de primeiro-ministro, até se firmar no controle de todo o sistema político alemão. Mao Tse Tung promoveu uma revolução nas fazendas, industrias e na cultura para eliminar toda a resistência econômica e social. Fidel Castro também "limpou" Cuba de opositores, e assim como os demais, promoveu fuzilamentos públicos e notórios. Hugo Chávez fez toda a classe média venezuelana fugir do país via interferência do Judiciário. Em todos esses exemplos, sem exceção, a consolidação do poder totalitário foi por meio do caos, do terror e da tirania promovidos pelo Estado. Mas o que muitos esquecem é que a consolidação também não foi imediata; os revolucionários tiveram de enfrentar resistências internas e externas por longos períodos.

E o Brasil hoje? No Brasil temos nossos agentes do caos bem consolidados e ativos. Black Blocks, UNE, Sindicatos, MST e MTST, por exemplo, são movimentos sustentados por partidos e pelo Estado e de caráter revolucionário, com organização, método e intenções claras de criar caos para chegar ao objetivo final: um Estado totalitário.

Depois que a cúpula do Poder Judiciário se consolidou em torno da ideia, faltava dominar os Poderes Executivo e Legislativo. Com Lula, o segundo pilar do comando absoluto do Estado foi concluído. Depois de ter assumido o poder com baixa legitimidade e apoio popular menor ainda, ele tem tomado medidas para, nitidamente, desestabilizar todas resistências econômicas, políticas e sociais.

Seu "governo" acabou com o teto de gastos e gerou caos no sistema fiscal e baixou as expectativas sobre melhoras na economia. Colocou um grupo terrorista como o MST no comando de um ministério, para criar caos no campo, onde está a sua maior resistência. Nas Relações Exteriores, gerou também caos ao bravejar que queria sair do dólar como moeda de troca principal e reposicionar o Brasil junto às ditaduras do mundo. Promoveu políticas na educação e cultura antinaturais para confundir, dividir e gerar o caos social, fragilizando a confiança da sociedade em si mesma. Lula engajou-se na segunda fase do caos e tirania.

Falta agora acabar com a resistência no Poder Legislativo e na opinião pública. Na Câmara e no Senado, seu domínio estará completo. Apesar de existirem vários parlamentares suscetíveis à corrupção, há também aqueles que se preocupam com a opinião pública, cuja parcela mais expressiva não quer uma ditadura. São esses dois fronts que compõem a resistência e sobre os quais o cerco está se fechando — criminalizar parlamentares da oposição e censurar redes sociais é só um primeiro passo.

Como dizia Mao Tse Tung, em seu *Livro Vermelho*: "A revolução não é uma festa de gala... não pode ser refinada, prazerosa, moderada, sensível ou gentil. A revolução é uma insurreição, um ato de violência no qual uma classe depõe uma outra". Ao destacar que a luta contra os "reacionários" tinha de ser implacável, Mao sabia que as chances de uma revolução fracassar são maiores que as de atingir sucesso. E é nesse fato que a sociedade respira.

GABINETES DO ÓDIO: DE MAVS A MYND8

Há décadas a esquerda combate a censura. E há décadas, sempre que assumiu o poder, praticou a censura o quanto pôde. Essa diretriz já era clara para o movimento comunista desde o *Manifesto Comunista* de 1848. No documento fica explícito que a concentração da comunicação nas mãos do Estado é tão vital para o processo comunista quanto o fim da propriedade privada.

Chegamos à segunda década do século XX e podemos fazer a seguinte pergunta retórica: quem inventou as patrulhas digitais, o cangaço virtual que trouxe as práticas da imprensa marrom, as fake news e a censura para a internet? Acertou quem respondeu que foi a esquerda. Desde 2010 a esquerda vem desenvolvendo mecanismos para espionar, caluniar, apagar comentários, inventar notícias, sujar biografias e assassinar reputações. Até agora.

Para refrescar a memória de quem viveu a era do primeiro governo Lula/Dilma/Temer, ou ainda contar os fatos que ocorreram a quem não tinha nem idade para viver aquele pesadelo, vamos voltar a 2011.

MAVs, os guerrilheiros virtuais: Em setembro daquele ano, no 4º Congresso do PT, a executiva decidiu montar uma "patrulha virtual" e treinar militantes para fazer propaganda e criticar opiniões em sites de notícias e redes sociais como *Twitter* e *Facebook*. O plano incluía promover cursos e editar um "manual do tuiteiro petista", com táticas para a guerrilha na internet. A ideia era recrutar a tropa a tempo de atuar nas eleições municipais de 2012, e ao mesmo tempo marcar território nos meios de comunicação recorrendo a militantes amadores, uma vez que a profissão de jornalista ainda não havia sido desregulamentada, o que viria a ocorrer no governo Dilma. Saberemos adiante por quê.

Os núcleos de Militância em Ambiente Virtual (MAV) começaram com o treinamento de membros do próprio partido e depois se expandiram para capacitar jornalistas e blogueiros em número suficiente para subverter opiniões em todas as redes. O centro de decisões daquele congresso de 2011 era, por isso, a defesa da regulamentação dos meios de comunicação.

O escolhido para levar adiante o projeto foi Adolfo Pinheiro, coordenador de campanha de Aloizio Mercadante ao governo de São Paulo em 2010. Ele entregou a Rui Falcão, então presidente do partido, uma série de propostas de atuação para os militantes virtuais do MAV, dentre elas espalhar núcleos do MAV por todo o país, treinar militantes para repetir palavras de ordem e usar janelas de comentários de blogs e portais noticiosos para contestar notícias que julgassem negativas contra o PT.

O plano, entretanto, só se efetivou com a criação da agência de notícias do PT, em 2014, por iniciativa de Dilma, que obteve apoio dos próprios sindicatos para desregulamentar a profissão de jornalista, dispensando o diploma para o seu exercício. Os meios de comunicação tradicionais comemoraram, pois o Ministério do Trabalho não seria mais um entrave para a contratação de indicados, muitas vezes sem experiência, talento e por salários muito mais baixos.

Ao mesmo tempo, houve uma corrida da esquerda em busca de jornalistas desempregados, a quem foram oferecidas oportunidades de recolocação nos núcleos do MAV, evidentemente. Foi criada, enfim, a tropa de choque para a geração de narrativas na internet. As tentativas de censura firmadas no congresso de 2011 também fazem parte do próprio programa do partido, com destaque para a criação de um Conselho Federal de Jornalismo e de mecanismos de restrição à liberdade de pensamento, ambas rejeitadas pela sociedade e pelo Congresso na época. Mas eles não desistiram.

Os MAVs foram responsáveis, inclusive, por tentar transformar o legítimo impeachment de Dilma, acusada de dilapidar os cofres públicos e dar "pedaladas fiscais", no mote monocórdico do golpe: "Foi *gópi*!". Os sites e blogs que diminuíram os números de manifestantes nas ruas, em 2016, por ocasião do mesmo impeachment, faziam parte dos MAVs. No governo Dilma, com o caixa reforçado, eles receberam um bem-vindo apoio de veículos ao ganharem verbas para fazer o mesmo serviço sujo, a peso de ouro, que os filiados faziam de graça e como massa de manobra. Dilma, a guerrilheira, recrutou seus iguais para fazer o mesmo que vemos hoje.

E quando a festa da Dilma acabou em impeachment, Temer desmobilizou milhares de MAVs que foram prontamente absorvidos pelos prefeitos e governadores da esquerda para garantir continuidade. Por isso que é importante para a sociedade rever quem ela elege para os cargos executivos locais, pois tudo que fica impedido no nível federal é rapidamente repassado ao nível local.

Mynd8, os novos militantes digitais: De volta para o presente, não surpreende o escândalo promovido por essa agência de mídias sociais, que tem em sua administração artistas ligados à esquerda e desconhecidos, que magicamente receberam mais de 1 milhão em contratos do governo, entre 2014 e 2023. A Mynd8 também trabalhou na campanha de Lula em 2022, e em fevereiro daquele ano fechou negócios com o ocupante do Planalto, em reunião com outros influenciadores de esquerda. No governo Bolsonaro, essa agência recebeu apenas dois contratos que somaram pouco mais de 49 mil reais.

Em seu perfil, a dona da agência se orgulha de revelar que administra mais de quatrocentas páginas, a maioria de fofocas — o que é ironicamente significativo — e que 7 a cada 10 internautas acessam as suas páginas. Em 2022, a Mynd8 foi acusada de extorsão por outros canais de fofocas que, obviamente, não eram seus "clientes". Revivendo os tempos da imprensa marrom, a agência exigiu 35 mil reais de um internauta, que nem era famoso, para desfazer o cancelamento que ela mesma tinha promovido por meio de suas páginas.

Um verdadeiro cartel de cancelamento, que teve sua descoberta devido ao trágico acontecimento da jovem Jéssica Vitória Canedo, que se suicidou depois de sofrer difamação em mais de trinta páginas sob o guarda-chuva da Mynd8: repercutiram o mesmo texto difamatório e falso, mesmo depois de apelos da jovem e de sua mãe. Após o ocorrido, claro, houve uma corrida da empresa para apagar tanto páginas quanto comentários no perfil da estudante.

O caso deve tramitar na justiça, mas é na sociedade que está a cura. Essas tragédias vêm desvendar práticas subversivas, mas também servem para inocular a sociedade, para que ela desenvolva anticorpos contra as redes de controle que esse tipo de governo sempre vai criar. E mesmo que a Mynd8 desapareça, uma nova organização tomará seu lugar, pois para a esquerda marxista, a "revolução continua".

As descobertas de vínculo da Mynd8 com o governo podem gerar impeachment? Ou impugnação de chapa? Uma CPI honesta ajudaria na descoberta de mais detalhes, mas isso já é esperar muito. Em seguida, uma justiça eleitoral idônea também poderia fazer, pasmem, justiça quanto à criação e às práticas de tais organizações durante o período eleitoral. Nesse caso, podemos chamar de esperar o impossível.

De qualquer forma, a sociedade ganha com a exposição desse caso — e é isso que a história sempre comprova: quando uma sociedade perde o medo do seu ditador, o ditador está em apuros.

STF OU CONSELHO PERMANENTE?

Modelo comunista é ditadura? Claro que sim, mas precisamos entender exatamente como ele funciona para poder criticar. A ditadura democrática, como eles se definem, é hermética, um circuito fechado e integrado, como demonstrado na figura abaixo:

O Partido Comunista Chinês possui cursos de formação de líderes e também trabalha nas universidades para formar os futuros membros dos Conselhos Populares. Portanto, tanto o partido quanto o presidente têm influência direta nas escolhas feitas para esses conselhos. Como características, eles são locais, espalhados por todo o país, e representam um tipo de fórum de "ouvidoria" da população. Obviamente, fazem o papel duplo de monitorar e denunciar críticos.

Desses Conselhos Populares locais saem os candidatos mais doutrinados para compor a Assembleia Nacional. Mas os escolhidos não são parlamentares ou legisladores, pois a função de legislar é do Conselho Permanente. Na Assembleia Nacional os escolhidos não fazem nada senão carimbar o que o Conselho Permanente decide colocar em votação e "escolher" as cartas marcadas dentre os que irão para o Conselho Permanente quando abrirem vagas.

Esse Conselho Permanente é o poder concentrado que faz o papel de julgar, executar e legislar. São burocratas profissionais e operam tudo, o ano todo. Em alguns países há outros conselhos permanentes que separam essas funções, mas a subordinação ao partido e ao presidente é total. Ou seja, o topo escolhe a base que vai sustentar o topo no topo: #ditadura.

Por que você precisa saber disso? Por dois motivos: primeiro porque no primeiro mês do atual governo foi decretada a criação de Conselhos Populares. Segundo, e eis o porquê dessa explicação, é que o STF já opera como um Conselho Permanente como no modelo comunista.

Não é mistério para nenhum brasileiro que o STF não é mais uma corte constitucional. Aliás, esse órgão vinha deixando de ser uma corte constitucional à medida que a Lava Jato avançava e o impeachment de Dilma se aproximava, lá em 2016. Mas curioso e revelador é que essa interferência tem sido universal, em todos os Poderes, inclusive no próprio Poder Judiciário, como observamos no quadro abaixo.

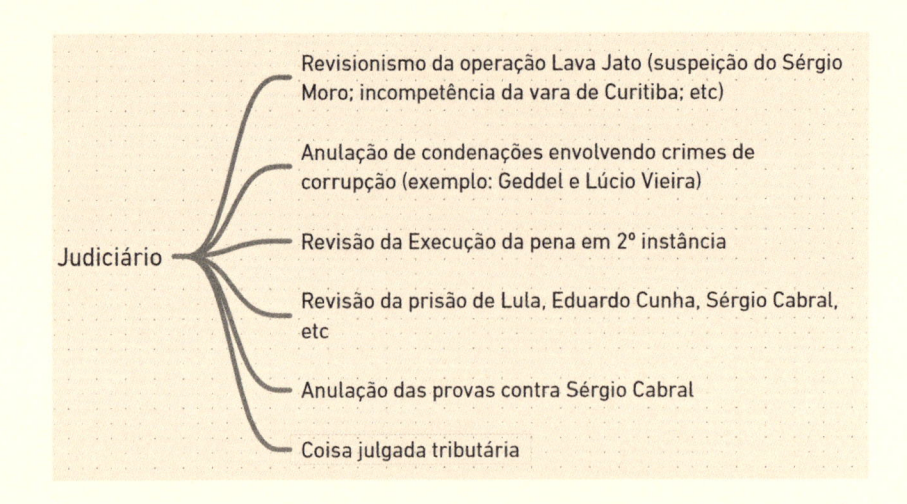

Judiciário
- Revisionismo da operação Lava Jato (suspeição do Sérgio Moro; incompetência da vara de Curitiba; etc)
- Anulação de condenações envolvendo crimes de corrupção (exemplo: Geddel e Lúcio Vieira)
- Revisão da Execução da pena em 2º instância
- Revisão da prisão de Lula, Eduardo Cunha, Sérgio Cabral, etc
- Anulação das provas contra Sérgio Cabral
- Coisa julgada tributária

Mas o STF só ganhou notoriedade na opinião pública quando interferiu no Poder Executivo de Jair Bolsonaro e no Ministério Público (MP), como vemos abaixo:

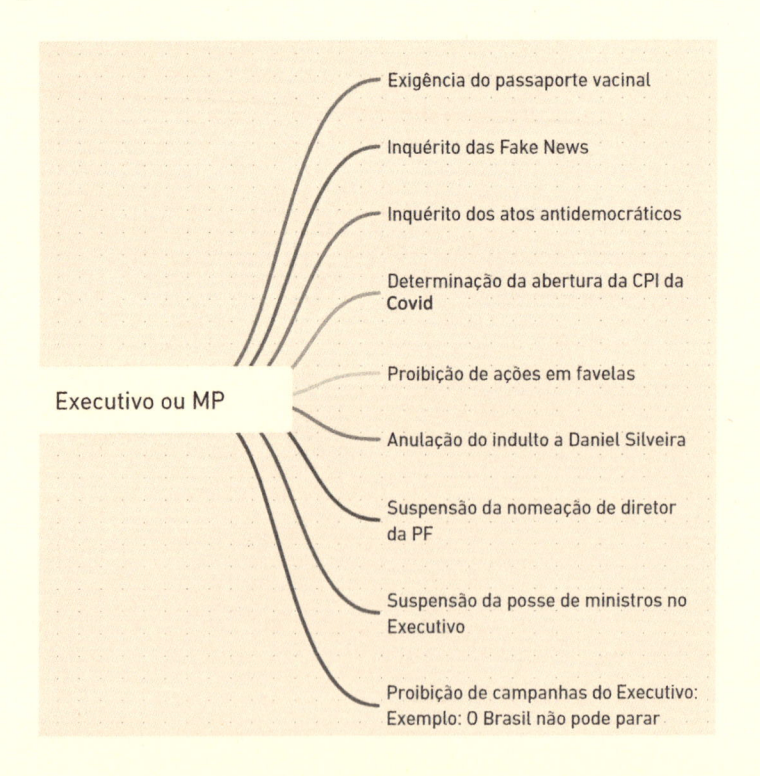

Executivo ou MP
- Exigência do passaporte vacinal
- Inquérito das Fake News
- Inquérito dos atos antidemocráticos
- Determinação da abertura da CPI da Covid
- Proibição de ações em favelas
- Anulação do indulto a Daniel Silveira
- Suspensão da nomeação de diretor da PF
- Suspensão da posse de ministros no Executivo
- Proibição de campanhas do Executivo: Exemplo: O Brasil não pode parar

Agora, a bola da vez parece ser a interferência no Poder Legislativo como vemos abaixo. É de se notar que essa interferência ocorre desde 2017, quando proibiram a vaquejada, uma atividade cultural de alguns estados do Nordeste que empregava milhares de pessoas. A prática foi subitamente proibida até a criação de outra lei que aliviasse a situação.

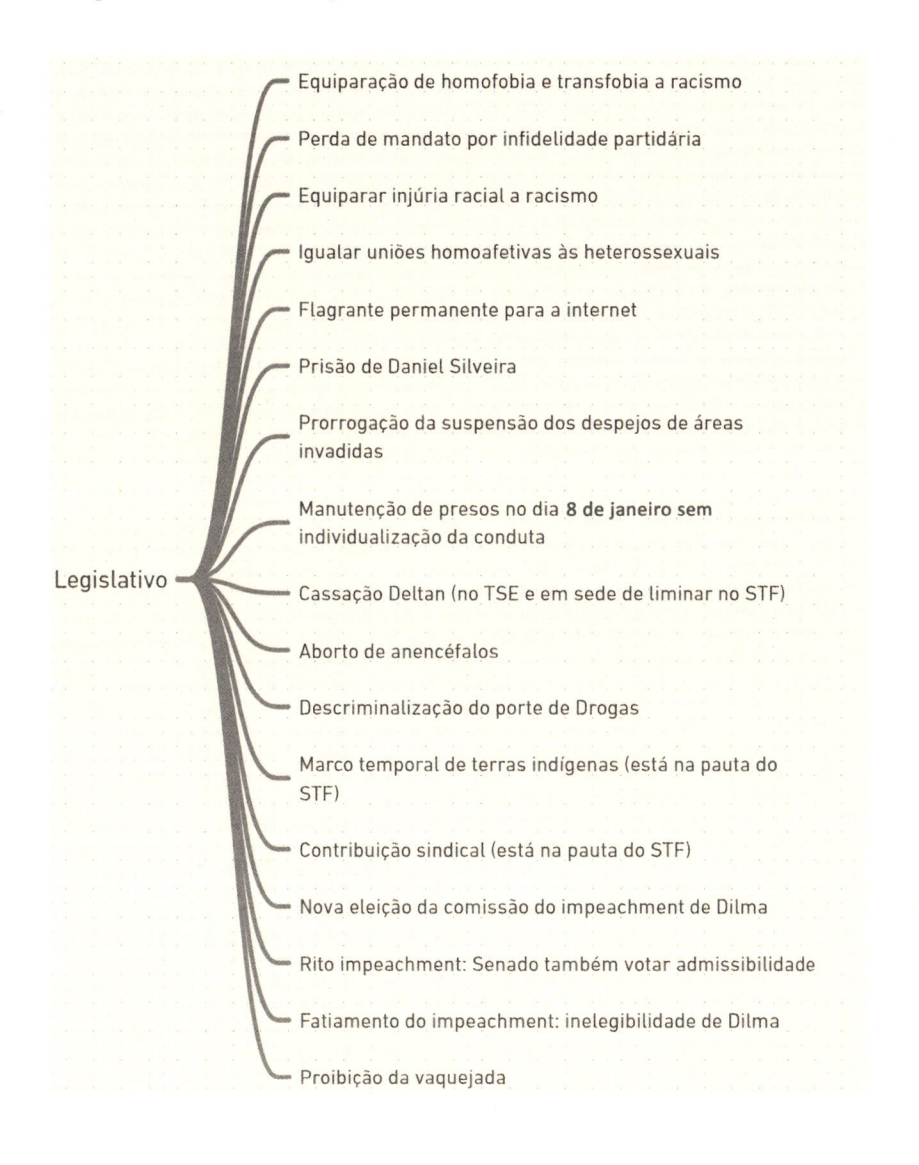

Legislativo
- Equiparação de homofobia e transfobia a racismo
- Perda de mandato por infidelidade partidária
- Equiparar injúria racial a racismo
- Igualar uniões homoafetivas às heterossexuais
- Flagrante permanente para a internet
- Prisão de Daniel Silveira
- Prorrogação da suspensão dos despejos de áreas invadidas
- Manutenção de presos no dia **8 de janeiro sem** individualização da conduta
- Cassação Deltan (no TSE e em sede de liminar no STF)
- Aborto de anencéfalos
- Descriminalização do porte de Drogas
- Marco temporal de terras indígenas (está na pauta do STF)
- Contribuição sindical (está na pauta do STF)
- Nova eleição da comissão do impeachment de Dilma
- Rito impeachment: Senado também votar admissibilidade
- Fatiamento do impeachment: inelegibilidade de Dilma
- Proibição da vaquejada

Mas o ponto é que as interferências do STF têm aumentado em número e escopo. Nenhuma instituição atual que se julga independente e que exerce a sua função de freio ou contrapeso está livre de uma interferência direta, arbitrária, fora do devido processo legal e fora da legalidade. Se essa afirmação é verdadeira, então temos de fato um órgão que age como conselho permanente.

E como já temos Conselhos Populares efetivados em paralelo, a eventual substituição ou reorganização dos demais Poderes criados na fraca Constituição de 1988 é uma questão de oportunidade. Se o Centrão não concordar em apoiar uma reforma do Judiciário, o que vemos agora é o que vai prevalecer. Será que ajuda mostrar aos deputados e senadores do Centrão que no primeiro quadro deste capítulo não há espaço para parlamentares de qualquer espécie? Será que a população sabe que o PT quer uma nova constituinte para mexer no sistema eleitoral, partidário e político? Será que vale pontuar para todos que esse plano existe há décadas, é discutido abertamente em "*lives*" da esquerda, replicado em diversos canais partidários, é totalitário e está em curso? Eu acredito que sim e por isso escrevo este livro.

Quem sabe se denunciarmos de forma mais clara o problema, mais pessoas percebam o que já sabemos: a prática precede a forma e o STF já está agindo como um conselho permanente. Novidade? Não. Mas como mencionado no início do capítulo, é preciso saber como o sistema funciona para poder criticá-lo com autoridade. Em outras palavras, é preciso saber identificar o problema e desarticular o modelo antes que tome a forma institucional já praticada.

Se seguirmos a velha máxima "ver para crer" o resultado totalitário estará traçado. Mas o brasileiro segue o ditado de "crer para ver", e muitos que foram às ruas nos últimos dez anos já viram o problema muito antes de sua materialização neste ano. Agora é a vez do "saber para agir".

ATIVISMO STF

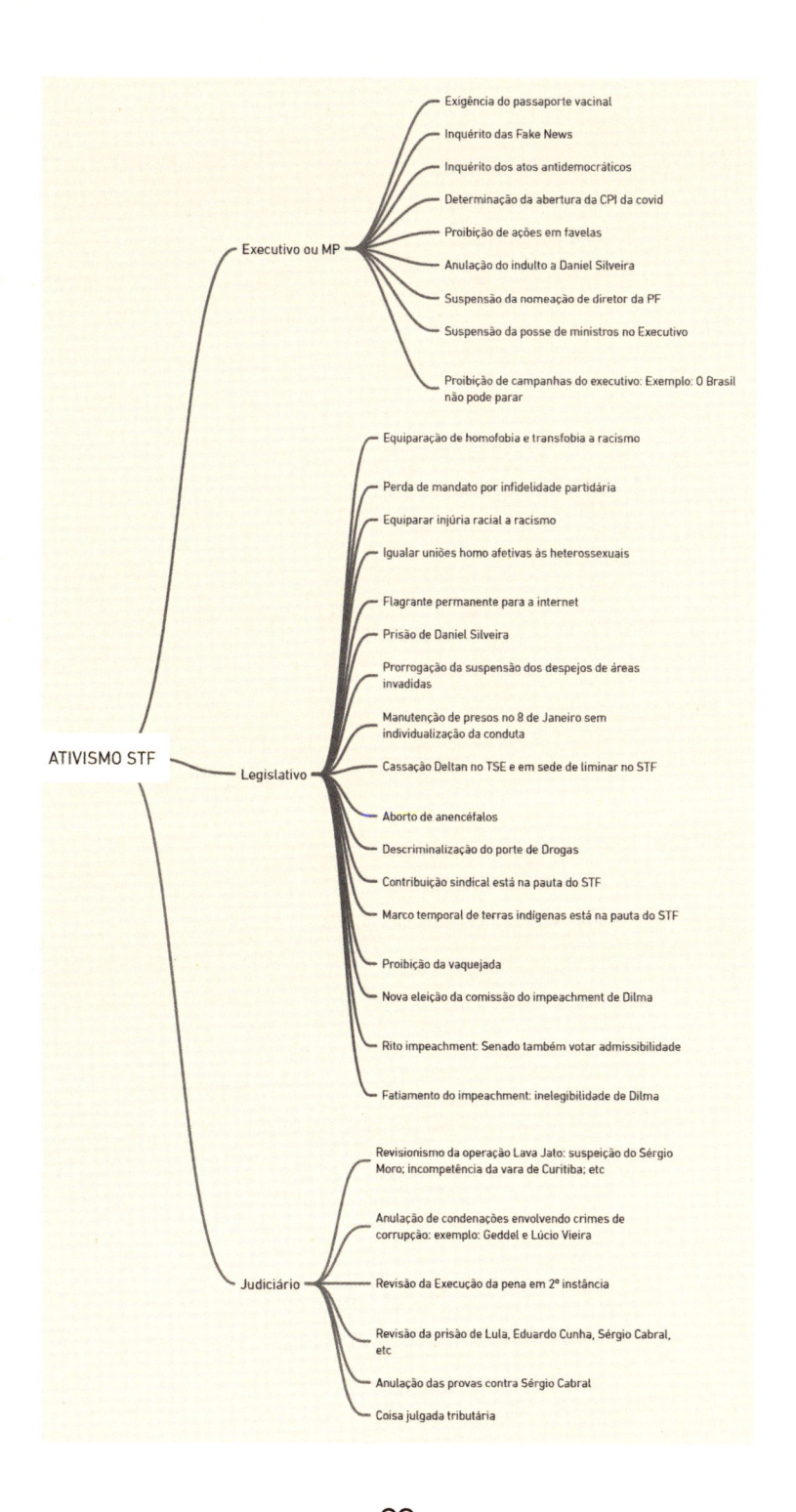

Executivo ou MP
- Exigência do passaporte vacinal
- Inquérito das Fake News
- Inquérito dos atos antidemocráticos
- Determinação da abertura da CPI da covid
- Proibição de ações em favelas
- Anulação do indulto a Daniel Silveira
- Suspensão da nomeação de diretor da PF
- Suspensão da posse de ministros no Executivo
- Proibição de campanhas do executivo: Exemplo: O Brasil não pode parar

Legislativo
- Equiparação de homofobia e transfobia a racismo
- Perda de mandato por infidelidade partidária
- Equiparar injúria racial a racismo
- Igualar uniões homo afetivas às heterossexuais
- Flagrante permanente para a internet
- Prisão de Daniel Silveira
- Prorrogação da suspensão dos despejos de áreas invadidas
- Manutenção de presos no 8 de Janeiro sem individualização da conduta
- Cassação Deltan no TSE e em sede de liminar no STF
- Aborto de anencéfalos
- Descriminalização do porte de Drogas
- Contribuição sindical está na pauta do STF
- Marco temporal de terras indígenas está na pauta do STF
- Proibição da vaquejada
- Nova eleição da comissão do impeachment de Dilma
- Rito impeachment: Senado também votar admissibilidade
- Fatiamento do impeachment: inelegibilidade de Dilma

Judiciário
- Revisionismo da operação Lava Jato: suspeição do Sérgio Moro; incompetência da vara de Curitiba; etc
- Anulação de condenações envolvendo crimes de corrupção: exemplo: Geddel e Lúcio Vieira
- Revisão da Execução da pena em 2ª instância
- Revisão da prisão de Lula, Eduardo Cunha, Sérgio Cabral, etc
- Anulação das provas contra Sérgio Cabral
- Coisa julgada tributária

OS TERRORISTAS JÁ ESTÃO AQUI

No dia 8 de novembro de 2023 saiu a notícia de que a Polícia Federal prendeu suspeitos de envolvimento com o grupo terrorista Hezbollah. Estavam planejando um ataque a judeus no Brasil. A coincidência foi curiosa, pois naquele momento estávamos assistindo a outra reportagem com os embaixadores de Israel e vários parlamentares. São vídeos que estão sendo divulgados para a imprensa, políticos e militares do mundo inteiro sobre os ataques terroristas do Hamas no dia 7 de outubro em Israel. Neles, havia imagens tão atrozes que até hoje não foram divulgadas nas redes sociais, devido aos detalhes chocantes das barbáries cometidas.

Em que pese as atrocidades abalarem a todos, alguns pontos ficaram evidentes sobre os terroristas. Muitas das imagens e áudios eram deles próprios no ato das atrocidades, que depois se vangloriavam de seus feitos. Nesses momentos percebem-se algumas semelhanças com certos políticos, grupos da esquerda radical e a legião de jovens estudantes no Brasil e em outros países.

Fanatismo consciente: Primeiro, foi o olhar esbugalhado, os cânticos de mobilização, a dança dantesca sobre os mortos, os símbolos de seus movimentos presentes em tudo o que faziam e a desumanização de quem consideram seus inimigos. Tudo seguindo o mesmo padrão dos movimentos esquerdistas. Assim como os jovens estudantes de esquerda no Brasil, os jovens terroristas do Hamas funcionam dentro de um *modus operandi*. Não pareciam estar em transe, mas com total consciência do que estavam fazendo.

Trata-se de uma ética criminosa, que cria uma blindagem emocional capacitando o jovem a cometer atrocidades sem nenhuma empatia com o próximo. Em diversos momentos, ver as faces dos terroristas nos vídeos imediatamente nos fez lembrar de pessoas públicas que se pronunciam destilando ódio. O perfil psicológico do terrorista e do estudante doutrinado é igual. E o mesmo pode ser dito sobre certas pessoas que detêm o poder no Brasil.

Comando frio e sem ética: Em segundo lugar, ficou nítido que os comandantes desses terroristas são políticos hábeis, o que é outro paralelo com os movimentos estudantis e "movimentos sociais". Em um dos áudios, observa-se um terrorista falando pelo rádio com seu comandante. O comandante pede para não decapitar soldados israelenses mortos, pois ele queria que seus corpos fossem enforcados e crucificados em praça pública, em Gaza.

A frieza desse comandante contrastava com a empolgação do terrorista do outro lado da ligação e me fez lembrar como estudantes sofrem influência nefasta dentro das universidades. Esse perfil frio, calculista e político é o mesmo dos "sargentos" de movimentos armados com seus militantes invasores de propriedade. Muitos parlamentares são policiais e conhecem bem como esses movimentos se organizam; para cada fanático na ponta criando arruaça, há um comandante político explorando cada detalhe.

Sob esse aspecto, vemos que o perfil vai até o topo da organização terrorista. Todos os assassinatos de civis israelenses e de turistas cometidos naquele dia foram para efeito político e de mobilização internacional. Em nenhum momento o objetivo foi destruir o exército israelense. A ordem para cometerem crimes da forma que fizeram veio de cima, foi explícita e política. O jovem terrorista fanático obedeceu feliz a seu líder, de acordo com sua ideologia.

Cumplicidade Palestina: Fica a indagação: de que lado está a sociedade palestina? Parte dela é cúmplice. Essa posição ficou bem clara quando foi divulgado um telefonema entre um filho terrorista e seus pais em Gaza. O pai e a mãe estavam felizes pelo filho ter matado dez judeus com suas próprias mãos — possivelmente uma família indefesa. Essa cumplicidade pode não ser generalizada, mas certamente não é um caso isolado, tamanha a publicidade que os terroristas fizeram de suas ações nas redes sociais em tempo real.

Por uma questão de razoabilidade, sempre afirmamos que nem todos palestinos apoiam o Hamas, mas há uma parcela coesa que os apoia, sim, e é conivente com toda a barbárie. Podemos analisar os porquês, como o conflito religioso histórico, as gerações criadas sob a mesma narrativa de que Israel é a culpada de tudo, a tirania do Hamas sobre todos que não o seguem, a falta de imprensa livre, as mortes colaterais nos contra-ataques de Israel ao longo dos anos, mas o fato é que uma parcela da população palestina é cúmplice, pois escolheu e escolhe o Hamas como sua liderança — esse ponto não é politicamente correto e por isso tem sido pouco divulgado.

Similar aos pais e apoiadores dos grupos terroristas de lá, temos pais e apoiadores de grupos de esquerda radical aqui. Inúmeros incentivadores e financiadores de movimentos de esquerda são capturados pelas diversas narrativas de causas e de identidade que servem para aliciar grupos, outrora resistentes à mudança, que uma vez doutrinados, mobilizam-se para defender atos radicais, como a violação de direitos fundamentais.

Recentemente, a *Gazeta do Povo* noticiou a morte de um brasileiro no Líbano, lutando pelo grupo terrorista Hezbollah. Tinha dezessete anos e fazia parte de uma milícia xiita. E assim como há brasileiros promovendo o terrorismo lá, os terroristas também já estão aqui em todas as suas versões, isso é ponto pacífico. Todos comungam abertamente os mesmos ideais.

A guerra contra o terrorismo não deve ser só de um governo contra um grupo armado e mal-intencionado, mas de toda a sociedade contra a esquerda radical que quer destruir tudo o que a humanidade é e produziu. Para vislumbrar a utopia que a esquerda visa criar aqui e em outros países, basta olhar para a realidade que o Hamas criou em Gaza.

STF VERSUS LEGISLATIVO: VENTOS DE REVOLUÇÃO NO AR?

As interferências do STF cresceram exponencialmente ao longo de 2023. O presidente do STF, Luís Roberto Barroso, anunciou que o ativismo judicial nos próximos dois anos vai aumentar mais. Sadismo? Não. Do ponto de vista da esquerda, uma necessidade. Sem essa intervenção direta do STF, o plano totalitário da esquerda não consegue vingar. A explicação é relativamente simples: como o governo não tem base parlamentar majoritária, e mesmo gastando bilhões para comprar deputados e senadores não obtete resultados conclusivos, o STF vai assumir o Legislativo. Se o Legislativo deixar, é claro.

Reação rápida: Frente a essa intervenção declarada, vários parlamentares, antes silenciosos, diante dessa postura do STF, resolveram agora romper o silêncio e fortalecer a oposição. A gota d'água foi o voto do Marco Temporal no STF, que fragilizou todo o agronegócio e o sistema financeiro. Junte essa decisão às anteriores, favoráveis a liberar o aborto e as drogas, e temos o que a oposição precisava para unir as três maiores bancadas legislativas — do Agro, da Bíblia e da Bala — para tomarem providências contra a ditadura. A triste verdade é que muitos dos deputados que compõem essas bancadas não são fiéis a todas as pautas da direita, e essa divisão facilita que sejam cooptados pelo governo, sob a forma de destinação de cargos ou verbas do orçamento público.

Entretanto, essa situação limite parece ter mexido com os brios de muitos deputados, pois o que aconteceu foi uma mudança positiva de comportamento. Está nítido para a maioria: ou o Parlamento toma providências para reformar o Judiciário ou essa legislatura será o marco do fim do Poder Legislativo no Brasil. O Congresso será fechado? Dificilmente, mas se tornará, de fato, um zero à esquerda, como previ em capítulos anteriores. A única saída é uma emenda constitucional (PEC) para resolver a questão, e há várias tramitando, tanto na Câmara como no Senado.

Em 2022 e 2023, reformas do Judiciário de minha autoria estavam ganhando adesão junto aos colegas parlamentares, até que uma campanha de desinformação e difamação foi montada por movimentos reacionários e atrasados para desestimular que parlamentares apoiassem. Agora essas propostas voltam à tona, com espírito mais atiçado que antes, uma esperança de que o Legislativo possa acordar e se salvar. Ainda não há nada na mesa para contra-atacar as interferências semanais do STF, pois o processo legislativo infelizmente não é tão rápido e eficaz, mas já é um começo.

O que vai manter essa roda girando contra a ditadura será o apoio popular. Apesar do ainda grande medo dos cidadãos de ir às ruas, as redes sociais estão ativas e os cidadãos de bem ocupam cada vez mais espaços importantes, como no caso recente da votação para os conselhos tutelares. Todas essas ações são fundamentais para manter o foco de mais de trezentos deputados e quarenta senadores na reforma do Judiciário. Foco é a palavra de ordem.

Como descrever o momento atual? O momento político no Brasil se assemelha ao da Sitzkrieg (guerra sentada) de 1939, quando os ingleses declararam guerra ao governo nazista alemão, mas não houve ataques nem confrontos diretos por muitos meses. Esse período de paz marcado pela "tensão sem ação" por um lado foi bom para a Alemanha, pois o país continuou sua onda de conquistas no continente europeu sem oposição, mas também foi fundamental para a Inglaterra se armar à altura dos embates futuros. Estamos em situação semelhante: a oposição declarou guerra, mas até agora não contra-atacou por não ter munição legislativa para obter efeito.

E a opinião pública, como anda? Essa é uma pergunta subjetiva, varia de acordo com quem responde, mas há referências históricas que me vêm à memória. Se eu tivesse de explicar o que está acontecendo com a opinião pública em discurso no plenário, falaria algo semelhante às palavras que Alexis de Tocqueville discursou na Assembleia Constituinte em 1848, prevendo o fim da última monarquia francesa, por acaso protagonizada pela renúncia do meu pentavô homônimo, Loius-Philippe d'Orléans. Alguns meses após o discurso de Tocqueville, um grande movimento popular se formou contra o rei francês, que não ofereceu resistência e renunciou.

Ventos de revolução no ar: Alexis de Tocqueville foi um parlamentar conservador, historiador e filósofo francês do século XIX, e um dos mais profundos críticos da Revolução Francesa. Tocqueville defendeu a liberdade individual e a igualdade na política como dois conceitos inseparáveis, e mencionou a possível involução da democracia em direção a uma ditadura da maioria em nome da igualdade. E para garantir que a democracia não se tornasse ditadura de maioria, ele destacou o papel fundamental da descentralização de poderes. Sua obra, *Democracia na América*, é considerada uma das mais importantes para entender a organização da sociedade e do sistema político norte-americano. Se ele tivesse de explicar o sentimento público no Brasil de hoje, certamente repetiria seu discurso de 1848, ajustado para se dirigir ao governo e ao STF:

> Fui informado de que não há perigo porque não há tumultos; fui informado de que, porque não há desordem visível na superfície da sociedade, não há revolução iminente.
>
> Senhores, permitam-me dizer que acredito que vocês estão enganados. É verdade, não há desordem real; mas ela penetrou profundamente nas mentes das pessoas. Vejam o que está se preparando entre as classes trabalhadoras, que, concedo, estão atualmente calmas. Sem dúvida, elas não estão perturbadas por paixões políticas, propriamente ditas, na mesma medida que estiveram; mas vocês não conseguem ver que as paixões delas, em vez de políticas, tornaram-se sociais? Vocês não percebem que elas estão gradualmente formando opiniões e ideias destinadas não apenas a derrubar essa ou aquela lei, ministério ou até mesmo forma de governo, mas a própria sociedade, até que ela vacile sobre as bases em que repousa hoje? Vocês não ouvem o que elas dizem a si mesmas todos os dias? Vocês não as ouvem repetindo incessantemente que tudo o que está acima delas é incapaz e indigno de governá-las; [...] E vocês não percebem que quando tais opiniões se enraízam, quando se espalham de maneira quase universal, quando afundam profundamente nas massas, elas inevitavelmente trarão consigo mais cedo ou mais tarde, não sei quando ou como, uma revolução muito formidável?

Isso, senhores, é minha profunda convicção: acredito que neste momento estamos dormindo sobre um vulcão. Estou profundamente convencido disso.

Eu estava dizendo há pouco que esse mal traria mais cedo ou mais tarde, não sei como ou de onde virá, uma revolução muito séria: estejam certos de que é assim.

Quando venho investigar o que, em diferentes épocas, em diferentes períodos, entre diferentes povos, foi a causa efetiva que trouxe a queda das classes governantes, percebo este ou aquele evento, homem ou causa acidental ou superficial; mas, acreditem, a verdadeira razão, a razão efetiva que faz com que os homens percam o poder político é que eles se tornaram indignos de retê-lo.

Pensem, senhores, na antiga monarquia (queda de Luiz XVI na Revolução Francesa de 1789): ela era mais forte do que vocês, mais forte em sua origem; ela podia se apoiar mais do que vocês em costumes antigos, hábitos antigos, crenças antigas; ela era mais forte do que vocês, e, no entanto, ela se tornou pó. E por que ela caiu? Vocês acham que foi por um infortúnio particular? Acham que foi pelo ato de algum homem, pelo déficit, pelo juramento no campo de tênis, Lafayette, Mirabeau? Não, senhores; havia outra razão: a classe que então era a classe governante havia se tornado, através de sua indiferença, egoísmo e vícios, incapaz e indigna de governar o país.

Essa foi a verdadeira razão. Bem, senhores, se é certo ter esse preconceito patriótico em todos os momentos, quanto mais certo não é tê-lo em nosso próprio tempo? Vocês não sentem, por algum instinto intuitivo que não é capaz de análise, mas que é inegável, que a terra está tremendo novamente na Europa? Vocês não sentem — o que direi? — como que um vento de revolução no ar? Esse vento, ninguém sabe de onde ele surge, de onde sopra, nem, acreditem em mim, a quem ele levará consigo; e é em tempos como esses que vocês permanecem calmos diante da degradação da moral pública — pois a expressão não é muito forte.

Eu falo aqui sem amargura; estou até me dirigindo a vocês sem qualquer espírito partidário; estou atacando homens contra os quais não sinto nenhuma vingança. Mas sou obrigado a comunicar ao meu país minha convicção firme e profunda. Bem, então, minha convicção firme e profunda é esta: que a moral pública está sendo degradada, e que a degradação da moral pública em breve, muito em breve talvez, trará sobre vocês novas revoluções. A vida dos reis é mantida por fios mais fortes? E esses fios são mais difíceis de romper do que os de outros homens? Vocês podem dizer hoje que têm certeza do amanhã? Vocês sabem o que pode acontecer na França daqui a um ano, ou mesmo em um mês ou um dia? Vocês não sabem; mas o que vocês devem saber é que a tempestade está se aproximando no horizonte, que ela está vindo em nossa direção. Vocês vão permitir que ela os pegue de surpresa?

Senhores, eu imploro para que não o façam. Não estou pedindo, estou implorando. Eu me ajoelharia diante de vocês de bom grado, tão forte é minha crença na realidade e na seriedade do perigo, tão convencido estou de que meus avisos não são mera retórica vazia. Sim, o perigo é grande. Acalmem-no enquanto ainda há tempo; corrijam o mal com remédios eficazes, atacando-o não em seus sintomas, mas nele mesmo.

Mudanças legislativas têm sido discutidas. Estou muito inclinado a pensar que essas mudanças não são apenas muito úteis, mas necessárias; assim, acredito na necessidade de reforma eleitoral, na urgência da reforma parlamentar; mas não sou, senhores, tão louco a ponto de não saber que nenhuma lei pode afetar os destinos das nações. Não, não é o mecanismo das leis que produz grandes eventos, senhores, mas o espírito interior do governo. Mantenham as leis como estão, se desejarem. Acho que vocês estariam muito errados em fazer isso; mas mantenham-nas. Mantenham também os homens, se isso lhes der prazer. Eu não levanto objeção no que me diz respeito. Mas, pelo amor de Deus, mudem o espírito do governo; pois, repito, esse espírito os conduzirá ao abismo.

5.
TRIBUTOS E GASTOS: PRIMEIROS PASSOS PARA O TOTALITARISMO

COMEÇARAM ERRANDO

Para seu próprio bem, o governo deve renunciar ao controle da economia. Se as mesmas políticas do governo anterior tivessem sido mantidas, a imagem do governo atual estaria muito melhor e possivelmente mais popular. Porém, ele resolveu mexer em uma área que exige talentos qualificados e todos sabemos que isso não existe na administração atual.

Ficou evidente, mesmo antes da posse em janeiro de 2023, que este governo é vingativo e teimoso, mas agora é patente que também é ignorante, ao priorizar arrecadação sem medir os impactos na economia. Chegou a ponto de cometer burrices. Veja abaixo como o governo virou "mané".

Teto de gastos: Romper o teto de gastos foi o primeiro passo errado, pois esse dispositivo criava limites com base na arrecadação, criminalizava o governante por exceder esses limites e incorporava vários itens na computação do que é "gasto". Ao romper esse teto, o governo também rompeu com o que dava estabilidade fiscal e credibilidade à moeda. Indicou que haveria um rombo de 150 bilhões, mas não explicou como ia fechá-lo.

Não ficou claro se seria por meio de aumento de impostos; com inflação, imprimindo moeda ou emitindo mais títulos da dívida, eternizando o calote. Com essa imprevisibilidade, o investimento foi o primeiro a sumir, a partir de dezembro de 2022, conforme o relatório de maio de 2023 da FGV. Como investir sem saber quanto será a inflação? Como investir sem saber qual a taxa de juros? Como investir se não há segurança na taxa de câmbio? Pois bem, o rompimento com o pacto do teto de gastos causou imprevisibilidade nos índices necessários para que o investimento ocorresse.

"Calabouço" fiscal: O segundo passo errado foi propor um arcabouço fiscal em substituição ao teto de gastos, em versão piorada. Esse dispositivo estabelece mínimos e máximos de crescimento de despesa e também que o governo vai garantir superávit fiscal, ou seja, vai ligar antes para avisar que vai haver aumento de impostos para que se atinja o superávit fiscal. Essa medida não significa que haverá limites de despesas. Ao contrário, deve garantir que os gastos aumentem independentemente do crescimento ou da recessão, do aumento ou da diminuição do PIB.

Portanto, imaginemos a amplificação do efeito destrutivo do aumento de arrecadação caso o PIB esteja em queda. Significa que tanto os gastos quanto a arrecadação ultrapassam proporções. O governo diz que vai aumentar a arrecadação sem aumentar impostos já existentes, ou seja, isso significa que vai buscar recursos onde eles ainda não existem: novos segmentos da economia, como tributação sobre o jogo e a internet. E ninguém está acreditando nessa possibilidade. De qualquer forma, o arcabouço fiscal não vai apaziguar os ânimos, considerando a instabilidade fiscal que já gerou. O "calabouço" demonstrou o quanto o teto de gastos era uma regra boa.

Punição de investidores: O terceiro passo errado foi editar a Medida Provisória 1171, que visa punir brasileiros que investem em mercados fora do Brasil. A MP pretende arrecadar de todos que tenham rendimentos em investimentos fora do Brasil. Um dos vários problemas dessa MP é que considera variação cambial como rendimento, mesmo que o dinheiro esteja parado no caixa. Erro de conceito e risco para o investidor. Também coloca a data de avaliação no início deste ano, 2024, ou seja, se alguém soubesse que uma medida como essa viria, não teria investido fora do Brasil.

Essa ação busca simplesmente arrecadar mais de todo brasileiro que investiu no exterior, mas acaba na verdade confiscando patrimônio e cria uma barreira intransponível e insustentável. Investidores profissionais do Brasil terão de buscar residência em outro país para poderem continuar suas atividades, tamanho é o impacto em seus rendimentos. Investidores amadores deixarão de investir fora do Brasil sob o risco de que seus investimentos não atinjam rendimento alto o suficiente para cobrir novos tributos. Investidores de outros países não buscarão obter a residência no Brasil por estarem sujeitos a regras idiossincráticas como essa. O governo, por sua vez, só vai arrecadar uma vez: de quem foi pego na transição. Não sobrará ninguém para pagar a conta uma segunda vez, pois investidores não costumam ser idiotas como o governo.

Reforma tributária: Já falamos anteriormente sobre quem ganha com as propostas de reforma tributária apoiadas pelo governo, e ficou claro que só ele ganha. Todos os outros setores produtivos, empresários, consumidores, trabalhadores, assim como estados e municípios perdem. A reforma tributária, nesse contexto, é a bomba atômica na economia. Pode gerar efeitos sociais que não estão contemplados, como falências em massa, além de tornar inviáveis setores inteiros da economia, assim como a sobrevivência de estados e cidades. Ocorrerão fluxos migratórios de intensidade nunca vistas no país.

Com tantos prejuízos à nação, por que insistem nesse processo insano? Simples, para obter mais arrecadação e controle do sistema tributário. O fato de o governo estar pautando todas essas medidas é também sinal de que não sabe o que está fazendo. O mercado tem regras comportamentais que os socialistas desprezam. Antes vem a confiança na moeda, que só se estabelece com a estabilidade fiscal, e só depois vêm reformas do sistema de arrecadação.

Entretanto, os esquerdistas no poder estão pautando tudo de uma vez só e não escondem que querem gastar mais sem os controles anteriores. Não tem como dar certo. Se aprovadas as medidas, será a custo de milhões em emendas parlamentares para comprar deputados e senadores.

O governo tem errado no conteúdo, forma, processo e sequenciamento de seus projetos econômicos. Para se preservar deveria deixar de querer controlar a economia, e a população por sua vez precisava se mobilizar mais por temas dessa natureza, como nas sociedades dos países desenvolvidos. Aliás, por lá essa é a pauta que mobiliza e mantém os políticos em xeque, pois sabem que os impactos são diretos no bolso. Engajem-se contra tudo o que dá sustento à burrice.

MAIS GASTANÇA, MAIS IMPOSTOS

Como se não bastassem as mudanças criadas com o fim do teto de gastos, o arcabouço fiscal, as regras do CARF e a famigerada reforma tributária, vêm aí mais pacotes para aumentar a arrecadação do governo para tentar sanar as gastanças incontroláveis dele mesmo. Trata-se de impostos que incidem sobre a renda e a propriedade, supostamente para pegar "os mais ricos e poderosos", mas que na prática agirão contra a classe média: impostos sobre grandes fortunas, dividendos, altos salários e heranças. Toda essa taxação é nociva a todos, e vamos explicar por quê.

"Grandes fortunas": O primeiro ponto controverso é a definição do termo "grande fortuna". Previamente e sem nenhum critério, há debates que estabelecem que ser rico é ter cinco milhões de reais de patrimônio ou mais. Parece muito? Certamente muitos dirão que sim, mas no contexto brasileiro e mundial é um valor extremamente baixo. Nos EUA há isenção de até 12 milhões de dólares (60 milhões de reais) e há diversas alternativas legais toleradas para se evitar pagar esse imposto.

No Brasil várias propriedades que foram adquiridas há trinta ou cinquenta anos ou mesmo herdadas e valorizaram já ultrapassam esse patamar de cinco milhões de reais de valor, e muitas são moradias de aposentados ou de várias famílias. No momento em que se cria um imposto punitivo como esse, será necessário que os proprietários vendam seus bens, isso quer dizer que a casa onde uma família ou um casal aposentado mora será moeda para pagar o governo. Cria-se uma classe média sem patrimônio e empobrecida.

Em segundo lugar, está evidente que as verdadeiras fortunas já estão fora do país há muito tempo. Os que realmente têm dinheiro são poucos em proporção à população e já se anteciparam; não esperaram ver o governo socialista vir confiscar seus bens. Detentores de muito capital já se protegem, faz tempo, com diversas camadas legais, vinculadas a entidades estrangeiras e buscam até outras cidadanias para a família inteira. Ou seja, o brasileiro que tem de fato uma grande fortuna já deixou de ser só brasileiro e seus bens já não estão mais associados a suas pessoas físicas. A maior parte dos países que adotaram essa medida a abandonaram, pois o custo de avaliar quantos ativos constituem uma grande fortuna não valem o valor dos impostos recolhidos.

O terceiro ponto, mas não menos polêmico, é o desincentivo a se criar e acumular capital e riqueza. É positivo e desejável que o cidadão crie patrimônio para sua família e seus descendentes, que comece de baixo para alçar postos de liderança e alcançar prosperidade financeira. Isso se chama mobilidade social. Mas na hipocrisia socialista a mobilidade social pelas mãos do mercado não vale. Para eles o que vale é manter a narrativa: "estamos fazendo justiça social!".

Na verdade, a maior parte das fortunas no Brasil não sobrevive por muitas gerações exatamente por causa de medidas destrutivas como essa que aparecem para o confisco da riqueza criada ciclicamente. Daí se criou um comportamento imediatista, pois o Brasil não proporciona um ambiente amigável à preservação de patrimônio. Medidas são mais um fator de êxodo de grandes fortunas do país que de aumento de arrecadação.

Tributação sobre dividendos: O principal problema de taxar esses ganhos é que as empresas que pagam dividendos a acionistas geralmente são empresas estáveis, que não estão em crescimento agressivo e, portanto, não precisam de fluxo de caixa. Essas empresas acham que remunerar seus investidores é a única saída para valorizar e dar liquidez às suas ações. Seus investidores têm perfil conservador, são na maioria os aposentados que buscam renda extra para poder pagar suas contas e viver melhor o dia a dia. O discurso de perseguir os grandes oligarcas com grandes estruturas financeiras obscuras não é válido, pois, na prática, regras sobre impostos sobre dividendos prejudicam justamente um segmento maior, mais visível e mais frágil da população, que são os idosos e seus dependentes. Apenas uma pequena parcela de pessoas que investem no mercado de capitais é formada por grandes investidores, então, trata-se de mais uma medida para perseguir o pequeno e médio investidor da classe média.

Investidores de empresas de capital aberto em bolsa não deveriam ser onerados com qualquer imposto sobre dividendos. Se fosse para discutir imposto sobre dividendos, o Governo Federal poderia focar nos valores pagos entre empresas que não são de capital aberto, ou seja, holdings privadas em que há arquiteturas de repasse de lucro, e não os dividendos transparentes recebidos por pequenos investidores que buscam mais renda em empresas abertas e estáveis.

Imposto sobre altos salários: Novamente, o que é um salário alto ou baixo, e quem o define? Essa provavelmente é a melhor fórmula para afastar executivos qualificados daqui e inibir a vinda de talentos do exterior. Estaremos, sim, exportando talentos e mentes criativas do Brasil, que provavelmente vão encontrar mais e melhores oportunidades no mercado internacional. Não é possível atrair executivos inovadores e que fazem diferença nas empresas brasileiras sem equiparar o valor que esses profissionais têm aos dos demais países. Se uma empresa paga um alto salário, é porque o funcionário é bom e ponto. O governo não tem nada a ver com isso. Trata-se de um desincentivo à competência e o resultado será uma classe gestora medíocre e ineficiente.

Imposto sobre herança: Com essa medida, qual incentivo tem um pai de família para construir seu patrimônio e deixá-lo para seus descendentes? Nenhum. As consequências não param no âmbito familiar, mas se estendem à construção civil, aos empregos e à poupança. Bom lembrar que o sistema de poupança é financiador do mercado de construção, que emprega milhões de trabalhadores. Se a poupança também tiver data de expiração ou for taxada pesadamente, uma vez que dinheiro nas contas também é herança, não haverá incentivo para economizar.

Fico me perguntando de onde o governo vai tirar recursos para cumprir seus compromissos, pois sem poupança não há capital de giro para os bancos, que não poderão financiar nada nem ninguém. Provavelmente ambos devem tirar dos incautos que deixaram dinheiro parado na conta. Poucos países adotaram imposto sobre herança, e mesmo assim com uma alíquota baixa, pois essa medida vai contra a própria lógica do trabalho. Não há por que tributar bens e capital que já foram tributados, por isso também se configura como bitributação.

O pior é que para toda essa arrecadação não há nenhum programa específico, como a construção de uma ponte ou projeto de integração social; é tudo um "blá-blá-blá" que serve como desincentivo para a herança, a poupança, a renda e o desenvolvimento; tudo em nome de uma utópica e fictícia "justiça social" que só se observa nos gastos perdulários do governo.

A riqueza de um país é a riqueza nas mãos da sua população e não nas mãos do Estado. Com esse pacote aprovado conforme a vontade dos justiceiros tributários do governo, certamente o país se tornará pobre. Haverá evasão de pessoas com alta renda para fora do país, os aposentados perderão poder aquisitivo e qualidade de vida, as empresas não vão reter talentos nem atrair bons executivos para gerir seus negócios e haverá um grande desincentivo para trabalhar e acumular patrimônio.

O atual governo ignora o fato de que há muito dinheiro barato circulando no mundo, buscando bons mercados. Ignora também como atrair esse capital abundante e barato e opta por se sabotar, tornando o Brasil um ambiente hostil à geração e preservação de riqueza. E, na mesma moeda, está se limitando a captar somente o dinheiro mais escasso, mais caro e mais sacrificado, que é o dinheiro das famílias brasileiras, para financiar suas "gastanças".

CAÍMOS NA ARMADILHA: 15 RAZÕES PARA REJEITAR A REFORMA TRIBUTÁRIA DO GOVERNO – E QUE FORAM IGNORADAS

Quando foram lidas as diretrizes da proposta da reforma tributária do governo, em que pesam os esforços do relator para melhorar a proposta inicial, ficou claro que o projeto pode criar o pior dos cenários imagináveis. Entenda.

Todos concordam em reformar o sistema tributário brasileiro, talvez o pior do mundo. Fui um dos expoentes nessa questão, a ponto de ser autor da PEC 007/2020, que foi aprovada em todas as comissões e que está pronta para ser votada em plenário. Já falamos anteriormente do assunto, mas você pode conhecer a proposta no site da Câmara dos Deputados. Entretanto, sou contra o modelo proposto de IVA (Imposto sobre Valor Agregado). Muitos não estão a par dos perigos de migrar para esse modelo europeu e não sabem da chance perdida que é não abraçar o modelo Sales Tax, que é o padrão dos EUA, proposto na PEC 007/2020.

Aqui estão quinze pontos que individualmente e no conjunto justificam trabalhar contra essa proposta do governo e pressionar os deputados a rejeitarem:

1. Complexidade: o sistema IVA é muito complexo — seria substituir um sistema por outro igualmente complicado; e pior, durante vários anos os consumidores, trabalhadores e empreendedores terão de conviver com ambos os sistemas até que o novo absorva o velho;

2. Transição difícil: pode ser caótica, principalmente para pequenas e médias empresas, que terão de operar seu mês a mês com dois sistemas por vários anos. E durante a transição os custos operacionais devem aumentar antes que o novo modelo esteja "engraxado" o suficiente para que venha a diminuir num futuro longínquo — se é que isso vai acontecer;

3. Nova estrutura: a implementação depende de nova tecnologia, de uma nova burocracia, novas regras e nova estrutura de arrecadação. O bom senso diz que as chances de serem gerados problemas de execução é de 100%, considerando que nenhuma burocracia funciona bem; o que pode gerar ainda mais precatórios;

4. Centralização: o comando central de toda a tributação é um risco brutal. Imagine o poder de barganha e de coerção política que a máquina de Brasília exercerá sobre os estados e municípios. Como se isso não bastasse, há muitas dúvidas de como será o regimento dessa nova burocracia central e qual será a capacidade dos estados definirem o que é melhor para eles. Por experiência, todo planejamento central é burro e medíocre, pois governa pela média. O império da mediocridade central pode se impor sufocando a excelência específica de cada estado;

5. Poucas isenções e exceções: vários setores que geram efeito de multiplicar inflação e custo de vida alto não parecem fazer parte da lista de isentos, como eletricidade, combustíveis, alimentos, saúde, educação, telecomunicações dentre outros, que são isentos nos países com IVA. O governo, com sua sanha de gastança e dependência de arrecadação, não poderá contemplar muitas isenções, o que é fundamental para baratear o "custo Brasil". Isso tem efeito em manter, ou até aumentar, o custo de vida da classe média, como também travar o país numa estrutura cara e nada competitiva para as empresas;

6. Pouca diferenciação nas alíquotas: vários subsetores têm necessidades diferentes de impostos para sobreviver, o que vai gerar mais judicialização e quebradeira geral. Mesmo que estados e municípios tenham comando de definir alíquotas, não está claro o ajuste fino de subsetores que são específicos de cada estado, ou seja, todos ficarão à mercê da boa vontade de uma autarquia central. É impossível que essa autarquia seja eficiente em definir a melhor equação tributária para milhares de setores; o efeito pode ser devastador para vários nichos de serviço e produção, e certamente pode gerar ainda mais judicialização;

7. Fundo regional: a proposta já nasce reconhecendo erro no sistema. Ela cria um novo fundo regional para consertar perdas que os estados terão com o novo modelo, na tentativa de evitar seus impactos negativos. Que impactos são esses? Falência dos estados e das empresas lá localizadas. Sim, o novo modelo rompe com os acordos entre estados e empresas, tornando-os inviáveis e reduzindo a arrecadação; todo fundo tem de ser visto como remédio de um modelo doente, e a proposta já vem com ele e não por pouca coisa;

8. FAKE NEWS: o IVA é REGRESSIVO e É CUMULATIVO tanto quanto o atual modelo. É necessário dizer isso em alto e bom som, pois na narrativa falsa o governo insiste que não é. O que isso significa? Imposto regressivo significa que o consumidor de baixa renda vai pagar mais impostos do que o consumidor de alta renda. Imposto cumulativo significa que o consumidor final paga o acúmulo de impostos de toda a cadeia produtiva no preço final do produto. Esses são os dois maiores problemas do modelo atual e isso NÃO vai melhorar. No modelo IVA só as grandes empresas terão os benefícios do crédito de volta nas suas contas, sobre impostos acumulados nas suas compras. Vamos deixar isso claro para todos, pois para o consumidor a cumulatividade e regressividade continuam, além de tudo ficar mais caro;

9. Utopia do *cashback*: para evitar os efeitos regressivos e cumulativos no consumidor final, inventaram o *cashback*, que não passa de enganação, pois a ideia é cobrar caro de todos para depois devolver para alguns, os escolhidos pelos deuses da burocracia. É certo que isso será foco de fraude e distorções absurdas; isso não existe de maneira efetiva em nenhum país com IVA, e a verdade é que todos vão pagar mais caro e o *cashback* é apenas demagogia;

10. Enfraquecimento de estados e municípios: o mais provável é que os entes federativos viverão de uma mesada da autarquia central, o que coloca em xeque o modelo federativo. Para que manter assembleias nos estados e municípios se eles perderam a capacidade de definir de quem arrecadar e quanto cobrar? Por que não voltar atrás no tempo, na época do Brasil Império, e deixar que o Congresso escolha o gestor local em vez de elegê-lo? Essas questões certamente surgirão com o tempo se aceitarmos a premissa de que "tributação sem representação é tirania", e que, retirando a representação local do comando da tributação, estamos criando uma tirania central;

11. Queda nos investimentos: o cálculo de retorno será incerto. Empresas e investidores devem ficar muito mais inibidos de investir, pois não têm visibilidade de como calcular o efeito dos impostos em suas operações — com o modelo tributário em transição e o governo querendo arrecadar mais todos anos, como planejar margem de lucro de uma operação além de doze meses? Pois é, se no atual modelo já é difícil, imagine com dois modelos funcionando ao mesmo tempo. Se alguém tiver a fórmula mágica que não envolva especulação, por favor, entre em contato;

12. Efeito social incerto: só estados ricos e dinâmicos conseguirão sobreviver — para a maioria dos estados menores vai aumentar a dependência de repasses da União. Se a reforma for imposta de maneira a atropelar a dinâmica social e econômica de cada estado, poderá haver um fluxo migratório para estados mais ricos como o Brasil jamais viu em sua história — fechamento de empresas, dependência e falência de serviços públicos nos estados mais pobres é uma possibilidade real, já que vários estados dependem de ajustes tributários e acordos locais;

13. Empurra a classe média para os serviços públicos: sem isenções e com aumento de carga tributária nos serviços privados, a classe média passará a consumir menos desses serviços, e muitos serão obrigados a utilizar o serviço público, que ficará ainda mais sobrecarregado;

14. Desemprego: com menos alíquotas, vários subsetores da economia de serviços, hoje o setor que mais emprega no Brasil, poderão ser obrigados a pagar mais impostos. Para as grandes empresas líderes do setor, isso é um problema menor, pois podem repassar aumentos ao preço antes de diminuírem seus quadros. Mas, para empresas menores, as que mais empregam e garantem competitividade e variedade de oferta em qualquer setor, a alta carga tributária pode ser decisiva: haverá um peso maior e imediato na decisão de corte de pessoal para continuarem suas operações, o que significa desemprego;

15. Contração: aumentar a arrecadação do consumidor final significa que há menos dinheiro disponível para as famílias pagarem contas e fazerem suas compras. É a contração da demanda por produtos e serviços, que pode gerar contração da produção — piorando ainda mais a espiral recessiva e revolta da população;

É notório o quanto a maioria dos políticos e burocratas focam na arrecadação de impostos e no seu gasto, e o quão poucos entendem a realidade de quem paga impostos. O modelo IVA segue esse mesmo viés arrecadatório, que é parte da lógica torta do estatismo, ou seja, arrecadar o máximo possível para o Estado e depois consertar os excessos com isenções, subsídios ou fundos de compensação. O IVA não favorece a classe média consumidora, o pequeno e médio empresário nem os estados e municípios. O IVA só é benéfico para o governo central e suas agências de controle. Como o governo central hoje é ocupado por criminosos notórios com planos ditatoriais antigos, uma reforma do sistema tributário se torna um dos pilares centrais do plano totalitário.

O MAIOR DESVIO DE TODOS

A reforma tributária exacerba problemas regionais com centralização de recursos, como já mencionamos anteriormente. Lembrando que o objetivo do plano totalitário da esquerda é o controle político e social. Para obter isso, o governo precisa estabelecer o controle do sistema tributário.

A proposta em questão serve para aumentar a hegemonia de Brasília, que terá poder total de barganha sobre governadores e prefeitos. Só que, também, controlará totalmente todos os setores da economia. Imagine dezenas de governadores, milhares de prefeitos e centenas de milhares de líderes empresariais fazendo fila na nova autarquia central para expor seus problemas, propostas e ajustes. Imagine o quão distante essa autarquia estará dos pequenos e médios empresários de todo o Brasil.

Além desses problemas óbvios, há a perda de relevância do Congresso Nacional, pois a autarquia central ganha o poder de propor leis, além de gerir a arrecadação e política de repasses. As políticas públicas debatidas no Congresso serão secundárias aos interesses dessa autarquia não-eleita e aparelhada pelo Executivo. Para o atual governo e Judiciário parece ser conveniente fechar o Congresso, tornando-o irrelevante.

Repasses às escuras: Infelizmente os problemas não terminam por aí. Como se não bastassem essas aberrações inerentes à estrutura proposta, não há nenhuma preocupação com transparência, ou seja, o que cada estado e município receber será o que a autarquia definir no velho estilo caudilho *"la garantia soy jo!"*. É no mínimo questionável se o que foi arrecadado de fato nos estados e municípios refletirá o que será relatado.

Digo questionável, pois ainda não sabemos quanto será arrecadado de cada estado ou repassado aos entes federativos, ou se haverá uma distribuição justa entre o que foi arrecadado. Grande problema.

Desvio para o Norte e Nordeste: Sob pretexto de combater a desigualdades entre os estados, novas agências para fomentar o "desenvolvimento" da região Norte-Nordeste serão criadas; novas estruturas de "desenvolvimento", além das estruturas já conhecidas como a do Fundo Constitucional do Norte e Nordeste, Sudene, Suframa, Banco do Nordeste, Banco da Amazônia etc.. Além desses há o Fundo de Participação Estadual e Municipal, que repassa desproporcionalmente mais recursos para cidades e estados do Norte e Nordeste.

Todas essas estruturas nunca apresentaram resultados conclusivos, pois o custo da burocracia consome mais que os recursos que chegam para o cidadão na região.

Para piorar esse quadro, o governo planeja mais um fundo para o Amapá, mais um fundo para a Amazônia e outro para o Maranhão — todos frutos de lobby. A festa não termina por aí. A proposta de reforma tributária inclui mais um "jabuti" para o Nordeste; proteções especiais para a indústria automobilística na Bahia.

De onde vem a maior parte dos recursos que financiam essas estruturas de repasses? Quem vai pagar a conta dessas manobras claras de violação da proporcionalidade? Resposta: os que sempre pagam, os brasileiros do Sul e Sudeste.

Está bem claro que os privilégios concedidos ao Norte-Nordeste sob o pretexto da "desigualdade social" encobrem a incompetência de governadores da região há várias décadas, que nunca entenderam como funciona o mercado, nunca viabilizaram e nem mesmo deram uma chance ao livre mercado e ao empreendedorismo. Preferem se organizar para fazer lobby em Brasília — e são extremamente efetivos.

Não há notícia de que houve, por iniciativa desses governadores do Nordeste e do Norte, desregulamentação de setores nem criação de um ecossistema jurídico favorável a negócios em suas regiões. Esses governantes também não costumam fazer questão de atrair capital internacional para se estabelecerem em seus estados, mas fazem questão de fazer o papel de "coitadinhos dependentes".

Desequilíbrio representativo: Politicamente, o Senado é composto por 60% de senadores do Norte-Nordeste, pois representam os dezesseis estados (nove do Nordeste e sete do Norte), contra os dez estados do Sul, Sudeste e Centro-Oeste. Não há o que se fazer sobre essa situação. Por isso que a presidência do Senado é quase sempre ocupada por alguém da região (Pacheco nasceu em Roraima).

Na Câmara, a distorção em prol do Norte e Nordeste é menor, mas não menos mau-caráter. A representação de São Paulo e Minas Gerais deveria ter, no conjunto, pelo menos mais 140 deputados para equilibrar a proporcionalidade em relação à representatividade por população. Esse desequilíbrio representativo torna os estados do Sul e Sudeste, mais uma vez, vassalos do arranjo central.

Agora, com a reforma tributária, toda essa problemática representativa ficará ainda pior. Essa é uma crítica direta aos governadores do Sul e Sudeste que apoiaram sem terem lido e entendido a proposta. Provavelmente seguiram a boiada comandada pelos líderes de partidos e mídia. Alguns governadores chegaram a pedir votos às cegas para parlamentares de outros estados.

É vergonhoso também o comportamento do presidente da Câmara e do Senado, que são de origem nordestina e estão enviesando todo o país para suas regiões em que têm enclaves e domínios políticos. Se os parlamentares do Sul-Sudeste não se unirem para frear a criação de uma autarquia central, estarão acabando com a autonomia de seus estados e condenando suas regiões à vassalagem.

Todos perdem: Deve ser esclarecido que essa distorção tributária é ruim para todos, pois a canalização de recursos para sistemas ineficientes atrasa todo o país; os que pagam tudo não têm benefício em nada, enquanto o outro lado recebe tudo e não distribui quase nada, perpetuando o problema e o atraso — esse é o ponto.

É uma grande mentira afirmar que os recursos estão chegando à população do Norte e do Nordeste, sobretudo quando vemos que o IDH (Índice de Desenvolvimento Humano) da região mudou muito pouco neste século. Todos sabem que o dinheiro e os benefícios vão para as oligarquias locais, governadores, líderes partidários, os grandes corruptos e corruptores. Essa é a razão da suposta desigualdade: o desvio constante e endêmico de dinheiro público e é o maior desvio de todos; muitas vezes maior que os escândalos de Mensalão e Petrolão.

Do ponto de vista tributário é necessário preservar a autonomia de cada estado, já do da política pública se torna necessário rever todos esses repasses regionais e determinar se os recursos têm gerado benefícios crescentes para a população ou se só alimentam a burocracia e as oligarquias locais. Na questão política, é fundamental rever a proporcionalidade e representatividade. O eleitor do sul e sudeste precisa cobrar dos deputados e senadores de seus estados a rejeição da proposta de reforma tributária como foi apresentada.

NOVO PAC = VELHOS PROBLEMAS

O governo lançou no ano de 2023 um novo PAC, Programa de Aceleração do Crescimento, e quer investir R$1,7 trilhão até 2026. A lista de bondades é ampla, com iniciativas em transporte, conectividade, infraestrutura, saneamento e saúde, entre outros. Não é a primeira vez que o governo faz esse tipo de plano central de investimento. O primeiro foi instituído em 2007, no governo Lula, depois apareceu de novo no governo Dilma, em 2011. Na declaração de intenções e no papel tudo parece positivo, mas não é, e poucos estão percebendo o ciclo nefasto que traz de volta velhos problemas.

1. O governo não é o "cara": Governo não faz crescer a economia — ao menos de forma sustentável — é a livre-iniciativa que o faz. Essa é a premissa básica que está se rompendo com o plano proposto. O governo não tem os incentivos para fazer bons investimentos, na medida certa, no lugar certo, pelo tempo certo. Quem valoriza seus recursos e sofre as consequências dos erros é quem sabe investir adequadamente.

Note que investir inclui dar linhas de crédito com volumes e juros totalmente fora do padrão de mercado, o que distorce ainda mais os tomadores de recursos: vê-se o efeito deste último em diversos setores como transportes, agronegócio, automotivo etc.. O ciclo é sempre o mesmo: o governo dá uma linha de crédito ampla e barata para um setor, vários tomam o crédito para comprar seus produtos, cria-se saturação no mercado e preços caem, impedindo que os tomadores de crédito consigam pagar suas dívidas, mesmo com juros baixos.

2. Sempre erra na dose: O governo é péssimo alocador de recursos — lembra dos elefantes brancos das Olimpíadas? Ou da Copa? Ou dos milhares de projetos abandonados Brasil afora? A lista de obras e projetos inacabados atestam a alta ineficiência e capacidade de sustentabilidade deles. A China é um exemplo extremo de criação de cidades-fantasma, que não encontram mercado para os imóveis. Recentemente, a maior incorporadora da China, Evergrande, pediu falência exatamente por ser influenciada por diretrizes centrais e não pelo mercado.

3. Travar para depois salvar: Em vez de desregulamentar setores e facilitar a vida dos empreendedores, o sistema vive travando. A livre-iniciativa já poderia ter feito esses projetos se não fosse pelo excesso de burocracia e impostos nos setores em questão — perdemos muitas oportunidades de emprego por isso. Ou seja, o constante ambiente de burocracia e impostos inibe permanentemente que a iniciativa privada assuma os riscos, ficando inerte todo esse tempo. Isso significa tempo perdido, empregos não criados e benefícios não gerados.

Com o modelo regulatório mais livre, empresas já poderiam ter agido nos setores nos quais agora o governo decide alocar recursos da população. Esse padrão nos mantém atrasados de forma permanente. Depois que notamos a necessidade de investir em infraestrutura, o governo aparece como salvador protagonista com suas concessões e financiamentos a empresas amigas. É óbvio que esses planos de investimento formam a base dos grandes esquemas de corrupção que existiam antes da Lava Jato.

4. Ficha suja: Parece que ninguém mais vê que o rei está nu. Este governo tem ficha suja com amplos precedentes de compadrio com empresas em grandes esquemas de corrupção. O presidente foi amplamente condenado por chefiar corrupção em larga escala e agora estará chefiando o maior plano de investimentos do Brasil. Isso para não mencionar que está reformando o sistema tributário para centralizar toda a arrecadação junto com seus apadrinhados. Faz sentido isso? Mais um PAC significa mais um grande esquema de corrupção acontecendo a olho nu diante de um parlamento inexistente.

5. Quem está de olho? Quem vai monitorar esses investimentos, o Centrão? Ou será que vários deles estão sedentos por ver a gastança, pois sairão ganhando de alguma forma? O governo mal responde requerimento de informação da oposição, evidenciando zero interesse de ser transparente, e não temos capacidade mínima necessária para vistoriar em amplitude. Fato é que estamos diante de possivelmente a pior legislatura do século XXI (exceto aquelas em que todos os deputados estavam no Mensalão).

A ideia de que o gasto público seria o motor do crescimento econômico levou à crise fiscal e à aceleração da inflação. Esse modelo se esgotou com a profunda crise gerada pelo último plano durante o governo Dilma. Precisamos desregulamentar setores e criar um ambiente de negócios para que não precisemos investir dinheiro de impostos e comprometer toda a saúde financeira do país. Somos um dos piores países para se fazer negócio, e se todos os planos deste governo forem implementados sem nenhum freio, certamente vai piorá-lo ainda mais.

6.
O QUE É A DIREITA?

FORÇAS ARMADAS, FRACAS E DESARMADAS

O Exército e as Forças Armadas como um todo podem estar intactos, mas o processo de deterioração de sua imagem e reputação é irreversível. Expostos pelas manifestações que ocuparam por sessenta dias as frentes dos quartéis em todo país, os generais lavaram as mãos e sinalizaram que não responderiam a uma demanda constitucional que garantia a lei e a ordem, caso elas não ocorressem.

Com essa ação, ou melhor, inação, os generais colocaram as Forças Armadas em uma sinuca tripla: caíram em desgraça com a direita que sempre as defenderam, ficaram à mercê da esquerda, que sempre as odiaram, e se perderam como instituição. Optaram pelo suicídio político. Por que isso pode gerar efeitos contra eles mesmos?

Primeiro, porque os políticos que tradicionalmente defendem as FFAA pensarão duas vezes antes de saírem em sua defesa. Perderam o apoio e a confiança da população que há décadas as valorizavam acima de todas as outras instituições. Caíram do pedestal mitológico em que se encontravam para a vala comum das instituições corruptíveis. Agora dependerão da boa vontade dos grupos de esquerda que sempre quiseram acabar com seus orçamentos, reduzir ainda mais suas funções e transformá-las em forças de opressão política contra a população.

Segundo, porque elas não têm orçamentos garantidos em constituição, assim como previdência, saúde, educação etc.. A cada ano, têm de "lutar" por mais recursos. É um erro constitucional, pois coloca recursos estratégicos no embate político contra recursos sociais e o primeiro sempre sai perdendo. Além disso, gera o incentivo para não gastarem com material bélico para garantirem número de pessoal e benefícios. Essa conscientização se tornou óbvia na reforma da Previdência em 2019, em que as FFAA resistiram de ser inclusas na reforma sem antes receber reajustes salariais.

Terceiro, por se venderem como desnecessárias ou redundantes. Em suas comunicações nas últimas décadas, nunca apontaram os reais inimigos externos do Brasil. Nunca mencionaram o risco do narcotráfico, do contrabando de armas, minérios, produtos e pessoas que existem ao longo de nossas fronteiras. Também não teceram comentários públicos quanto ao Foro de São Paulo, os avanços políticos da China na região e as falências de diversos países regidos por eles e qual seria o papel do Brasil frente a esse risco. Também não mencionam os limites que os EUA silenciosamente impõem em nossas defesas.

Talvez por medo de polemizar, preferem se promover de forma politicamente correta como "braço forte e mão amiga" de apoio aos demais serviços sociais do Estado; ou seja, são redundantes aos outros serviços públicos de bem-estar social. Dessa forma, crescemos com a falsa impressão de que não temos inimigos, tudo está bem na América do Sul e não precisamos de uma força de defesa. Recentemente, alguns membros das FFAA perceberam o erro dessa construção e mencionaram os riscos reais, mas foi muito pouco e muito tarde para que se germinasse uma política de defesa nacional.

Quarto, porque cada vez mais pessoas se chocam ao saber que a força que defende a fronteira terrestre é a Polícia Federal, com efetivo dez vezes menor, e não o Exército. Isso mesmo. O Exército não pode agir em flagrante delito de violação de nossa fronteira terrestre. Só a PF pode. Protocolamos um projeto que daria força policial temporária aos militares em situações de fronteira, e os partidos de esquerda que defendem o narcotráfico e — pasmem — do próprio Exército foram resistentes ao projeto.

A entrada crescente e maciça de armamentos, drogas e contrabando pelas nossas fronteiras terrestres, o crescimento do crime organizado inter-regional e como se interligam com partidos e mídia na guerra híbrida interna do Brasil nunca foram alardeados publicamente pelas FFAA como sendo um risco à nossa soberania, apesar de que internamente estavam bem cientes dos possíveis desdobramentos. Erro.

Quinto, porque traíram todos os que queriam ser CACs. O Exército valoriza sua eficácia e eficiência na condução de obras públicas, mas como explica ter sido tão lento para a revisão de documentos e emissão de documentação para os CACs, uma função meramente burocrática? Move montanhas, literalmente, mas não move papéis? Cidadãos passam meses esperando por uma autorização para comprar suas armas e a desculpa sempre foi que "não tinha efetivo suficiente". Imaginar quantas propriedades, famílias e cidadãos ficaram indefesos e quantos crimes graves poderiam ter sido evitados é revoltante. A verdade é que muitos na cúpula do Exército são contra o direito de defesa individual com armas de fogo. São até contra seus próprios oficiais portarem armas fora do quartel. Por isso muitos acreditam que o Exército fez corpo mole proposital com os CACs.

Sexto, porque todos sabem que não existe ausência de ideologia. E a ideologia que criou os exércitos modernos, permanentes e profissionais é a mesma que criou os pilares do Estado moderno, das constituições e dos direitos fundamentais. No entanto, a ideologia marxista e suas variantes do século XX criaram outras ideias para destruir justamente esses pilares. Todas as vertentes marxistas são armas contra as nações, suas constituições, suas famílias e suas forças de defesa, seja pela subversão interna da luta de classes, seja pela subversão externa das pautas globais. Infelizmente muitos membros das Forças Armadas foram influenciados por essas vertentes e não percebem as incoerências.

Sétimo, o fato é que com a Guerra da Ucrânia e a evolução do combate no campo de batalha ficou mais evidente o descompasso tecnológico que temos e como as nossas FFAA gastam mal os recursos que recebem. Sua despesa com pessoal é dez vezes superior ao gasto com novos equipamentos militares. Em 2022, tivemos sucesso em protocolar a PEC 17/2022, que bloqueava uma parcela do orçamento para projetos de capacitação tecnológica das FFAA. Mas não demonstraram muito interesse nesse projeto. Isso só fez crescer a percepção de que não querem ser uma força efetiva com novas tecnologias. Sem elas, as FFAA são uma máquina inchada e ineficaz que drena recursos públicos para benefícios da classe militar, em vez de representar a defesa nacional.

As décadas que sucederam o regime militar foram de grande perda de poder político para as Forças Armadas, e parece que esse período criou uma geração de militares traumatizados. O resultado é que o mito do exército de Caxias, com generais predispostos à defesa do país contra qualquer inimigo, não existe mais. Em seu lugar criou-se um corpo de funcionários públicos comuns, sem medo de perder prestígio, mas temeroso de perder benefícios.

Como civil, fui o deputado que mais destinou emendas parlamentares para as FFAA na história da Sexta República. Dado o cenário internacional do século XXI, tenho plena consciência de que as instituições de defesa têm de ser efetivas, assim como foram na nossa fundação, para que nosso país tenha chance de sobreviver soberano e seguro. Mas pelo exposto acima, não será com os atuais líderes das FFAA, assim como não será com o atual governo.

O FIM DA DIREITA TRADICIONAL

O dia 8 de janeiro de 2023 foi uma data importante para a ala conservadora do Brasil. Foi um dia confuso, com uma mistura de levante atabalhoado, vandalismo, infiltrações e omissões, e também um dia em que a direita ficou perplexa com as ações e posturas dos militares. A indignação, especificamente, foi em virtude das ações comandadas por alguns generais, que parecem ter facilitado ou se omitido em conter os manifestantes, para depois incriminá-los deliberadamente.

Outros generais, cujas ações foram mais óbvias, cometeram covardias sem precedentes: ordenaram arrebanhar e prender manifestantes que não participavam dos atos de vandalismo nos prédios públicos. Esses manifestantes estavam junto aos quartéis apoiando, pasmem, o Exército e os generais! A maior parte da população acreditou, inocentemente, que o Exército seria uma salvaguarda moral contra a imoralidade de criminosos de volta à presidência da República. Não foi.

Ficou claro para todos também que esses militares de alta patente, responsáveis por tais atos, não viviam nenhum conflito ético. Ao contrário, aparentavam frieza misturada com prazer. Nitidamente, não compartilhavam dos valores dos manifestantes. Foi um dia de expectativas frustradas, prisões políticas e violação de direitos que, dentre vários desdobramentos importantes que ainda veremos reverberar, findou a narrativa do "Exército de Caxias" e minou a confiança centenária que a opinião pública brasileira tinha por essa instituição.

Frustração e perda de confiança: Essa deve ser a nossa reflexão. Nos últimos vinte anos, a direita brasileira perdeu a confiança nos dois derradeiros pilares da direita tradicional: a Igreja Católica e o Exército. E a aristocracia? Essa desapareceu há mais tempo, e por completo, do sistema político brasileiro. Portanto, a população que hoje se descobre de direita e se levanta contra a corrupção, contra o socialismo, seus representantes e políticas, está órfã de representação institucional.

O eleitor conservador também percebeu que apesar de ser a maioria e ter eleito, em outubro de 2022, governadores, deputados federais, estaduais e senadores condizentes com a maioria de que fazia parte, esses demonstram coesão ideológica frágil e muita fragmentação partidária. Culpa dos representantes? Culpa dos partidos? Culpa do eleitor que escolheu errado? Culpa de todos esses? Sim, todos têm uma parcela de culpa por ter elegido uma direita ameba.

A base do problema é que a direita — eleitor, representante, partido — não entende o contexto institucional do país e qual deve ser sua postura diante dele. Espero poder ajudar a elucidar com o que segue.

O socialista dentro de nós: Todo mundo é socialista. Ao menos um pouco. O ser humano é um ser sociável, capaz de viver em grandes comunidades complexas, diversas e distintas até mesmo dentro de sua própria família. Essa característica é parte do que define o que é ser humano e, portanto, nos torna coletivistas por natureza. Mas o ser humano é também um indivíduo com necessidades, vontades e capacidades distintas e destinos totalmente próprios.

Esses dois aspectos incongruentes completam a definição do que é ser humano, pois coletivismo e individualismo são essenciais para nossa sobrevivência.

O ser coletivista, em seu melhor aspecto, é colaborativo, tolerante, unificador, mas em seu pior aspecto é fraco, passivo, incapaz, dependente e carente. Já o ser individualista é, em seu melhor aspecto, forte, inovador, resiliente e independente, enquanto que no seu pior aspecto é egoísta, solitário e defensivo. Ninguém é totalmente um ou outro aspecto; todos temos graus de individualismo e de coletivismo, e graus de bons e maus aspectos dentro de si.

Mas os "engenheiros sociais" do século XX começaram uma propaganda socialista pelo "novo homem", fazendo-nos crer que um humano mais coletivista é melhor que um humano mais individualista. Nessa propaganda, os coletivistas são definidos somente pelos melhores aspectos da natureza coletivista, enquanto o individualista é definido somente pelos seus piores aspectos. Essa propaganda, depois de iniciada, nunca terminou e sempre evoluiu, adaptando-se às mudanças políticas dos últimos cem anos em diversos países.

Ao longo do tempo, e das gerações, os valores coletivistas tornaram-se os dominantes, os únicos moralmente aceitos, e os valores individualistas foram diminuídos, esquecidos ou até criminalizados.

Quem aparece é o socialista: Hoje, em qualquer situação, a maioria da nossa geração reage a priori com valores coletivistas. A visão individualista só aparece a posteriori, depois de muita reflexão. Interessamo-nos mais em proteger o meio ambiente longínquo do que a fauna da própria vizinhança, ou até nossa própria defesa pessoal;

reclamamos mais da falta de escolas e universidades do que da falta de conhecimento transmitido em casa, do que ensinamos ou deixamos de ensinar aos nossos filhos; ficamos indignados com a corrupção e ineficiência do Estado na condução da Previdência e da Saúde, sem questionar que fomos nós que demos autorização para o governo assumir esses serviços ao escolhermos nossos representantes.

O efeito perverso do coletivismo foi total na sociedade, na política e nas instituições do mundo nos últimos cem anos. O Estado tornou-se todo-poderoso, em alguns países mais do que em outros, e as pessoas nos países onde o Estado é mais forte manifestam em si somente os aspectos mais negativos do coletivismo: fraqueza, passividade, incapacidade, dependência e carência. O Brasil é um desses países. Aqui, a parcela mais expressiva da população abre mão com muita facilidade de suas liberdades individuais em prol de pequenos ou falsos benefícios coletivos.

Essa maioria da população sequer sabe quais são suas liberdades fundamentais: liberdade de expressão, de ir e vir, de livre associação, de consciência e de religião, entre outras, muito do que está contido — ainda — no artigo 5º da Constituição de 1988. Apenas uma pequena parcela está consciente de que abrir mão desses direitos é para o avanço... do Estado, é claro, pois está implícito o retrocesso do protagonismo do indivíduo e da sociedade quando se atribui mais força ao Estado. Arrisco dizer que geralmente essa parcela da sociedade tem algum vínculo com o Estado.

E agora, José? Muito bem, se você chegou até aqui deve estar se perguntando o porquê desse preâmbulo. O primeiro passo para combater o contexto socialista em que vivemos (políticos, partidos e Estado) é combater o socialismo que existe dentro de você. É definir qual diabinho socialista opera na sua mente. Apesar de ser um exercício pessoal, é também um exercício geracional, pois todos sofremos de inversão de valores em algum grau de intensidade.

A primeira providência para descobrir em que intensidade essa tendência se manifesta em você é fazer a si próprio a seguinte pergunta:

a função do Estado é distribuir renda e promover justiça social ou garantir a soberania das leis e as liberdades individuais? Sem meio termo, responda em sua mente e com convicção.

Se você escolheu que a função do Estado é distribuir renda e fazer justiça social, então o que lhe direi não será muito útil. O status quo do nosso contexto (Constituição, leis, instituições públicas) foi criado por socialistas, você o favorece, portanto, é muito provável que não terá boas chances no "exorcismo". Mas, se você respondeu que a função do Estado é garantir a soberania das leis e das liberdades individuais, então continue, pois o expurgo do mal ainda é possível.

Não é possível em apenas um capítulo abordar todas as etapas que constroem o raciocínio de como combater o socialismo no atual contexto. Nos próximos capítulos tratarei de duas questões: quais os tipos de socialistas existem na direita, e como combater o socialismo no contexto socialista.

A DIREITA SOCIALISTA

Notaram como o atual criminoso no poder, em apenas um ano, avançou quase toda a sua agenda econômica, política e social, revertendo o cenário criado pelo presidente anterior? Notaram como foi difícil para Bolsonaro governar ou ao menos avançar alguma reforma durante seus quatro anos na presidência? A razão é que o ocupante do poder conta com um aliado poderosíssimo. Seria ele o STF? A Polícia Federal? Os melancias nas Forças Armadas? O Congresso? A mídia? O sistema de ensino? Não, é mais poderoso que todos eles juntos: o Estado brasileiro. Ele é a base da Hidra de Lerna que recria socialistas e populistas, crise após crise.

O que define o Estado é a Constituição. É ela que constrói, define a função das instituições públicas e baliza as leis que determinam como essas instituições vão operar entre si e com a sociedade. Um Estado que tem como função distribuir renda e fazer justiça social é chamado de Estado social. Em outras palavras, o Estado social é socialista, e nas mãos de um governo socialista gera uma união forte contra a sociedade. Ou seja, serve de alicerce para a tirania do Estado.

A origem desse modelo surge na Europa, em função dos levantes populares do século XIX e do crescimento do movimento comunista. A partir do início do século XX vários países europeus já degeneram para um Estado social por meio de várias mudanças constitucionais ou novas constituições. É óbvio que naquele momento o Estado social era promovido como um avanço, mas ao fim do mesmo século XX praticamente todos os países europeus tiveram de reformar suas instituições e leis para sobreviver, devido às crises que os modelos socialistas geram ciclicamente.

A esquerda, ao longo do século XX, composta por vários movimentos comunistas, socialistas e social-democratas, por meio de mobilização popular, redefiniu a agenda política, a natureza das instituições e as leis que criaram os pilares dos diversos Estados sociais europeus. Entretanto, ela não foi necessariamente a protagonista de sua implementação. Infelizmente, parcelas expressivas da direita conservadora europeia apoiaram a criação dos pilares de seus Estados sociais. Diversas razões estavam por trás dessa decisão:

1. Quiseram aproveitar o aspecto de controle social que as novas ideias proporcionavam;
2. Queriam garantir ganhos políticos de curto prazo;
3. Ignorância: não sabiam detalhes do plano comunista, aceitavam passivamente a criação de alicerces ao totalitarismo de Estado;
4. Houve impasse político, gerado pelas mobilizações da esquerda;
5. Falta de visão das consequências políticas e econômicas que ainda estariam por vir;
6. Falta de ideias alternativas e por não saberem argumentar contra a filosofia e o método marxista.

Afinal, que pilares do socialismo são esses que tiveram tanto apoio dos conservadores a ponto de se criar um Estado tirânico?

Pilares do Estado social: Leis trabalhistas, previdência social, saúde universal, educação pública, assistencialismo e estatização de empresas formavam o cerne do modelo do Estado social. O objetivo era criar um bem-estar social, onde tudo seria regulamentado e dirigido pelo Estado, atingindo assim justiça e igualdade. Os cidadãos pagariam por esses serviços obrigatoriamente por meio de impostos — cada vez mais crescentes para os "burgueses" — e os benefícios seriam prioritariamente para a classe proletária.

Todo avanço na política depende de impasse: A esquerda faz isso com maestria. Até hoje é difícil encontrar alguém na direita abertamente contra os serviços públicos propostos pela esquerda. No próximo tópico vamos explicitar os princípios que criam alternativas para cada um desses serviços que a esquerda impôs como sendo necessariamente obrigação do Estado. O desconhecimento de tais alternativas, ou as dúvidas de que elas não funcionem, foi o que gerou a aceitação tácita desses pilares como sendo avanços civilizatórios.

Na "Política das Tesouras" do século XIX e XX — em que comunistas promoviam levantes populares nas ruas e os social-democratas promoviam o Estado social como saída institucional para caos — a direita tradicional se viu despreparada e incapaz de articular e popularizar alternativas. Ficou encurralada tendo de apoiar, ou até mesmo liderar, a criação do Estado social para apaziguar as mobilizações populares.

A direita cooptada: Na França no século XIX, o imperador Napoleão III promoveu reformas políticas de inclusão social e iniciou o uso político de obras públicas e programas, como o hoje conhecido "Minha Casa, Minha Vida", para ganhar apoio do proletariado e legitimar parcamente seu governo. No século XX, após a Segunda Guerra, foi a vez do general supostamente conservador De Gaulle estatizar empresas e estabelecer regras para a Previdência para atingir o mesmo efeito.

Na Alemanha, o militar também dito conservador Otto von Bismarck, nos anos 1880, percebeu o benefício político de instituir a Previdência Social para obter apoio da classe operária. Ao fim do

Império Alemão, no início do século XX, os demais pilares do Estado social alemão foram petrificados na Constituição da República de Weimar, o que gerou crise de hiperinflação e serviu de base constitucional para a ditadura nacional-socialista de Hitler nos anos 1930 e 1940.

Na Itália, o ditador nacional-socialista Mussolini iniciou o processo de alterar a Constituição para criar o Estado Fascista, que nada mais era que a versão italiana do Estado social a partir dos anos XX. Com o risco de uma revolução comunista na Itália em 1919 e 1920, os conservadores italianos da direita tradicional (aristocracia, clero e militares) se viram forçados a apoiar Mussolini.

Após a Segunda Guerra, na Inglaterra, o primeiro-ministro aristocrata Lord Attlee, pasmem, líder do partido dos trabalhadores, introduziu todos os pilares do Estado social inglês e foi aclamado por diversos setores como sendo o melhor primeiro-ministro de todos os tempos — mesmo com Churchill ainda vivo. A partir daquele momento, a Inglaterra deixou de ser o país líder da economia na Europa.

Reformas lá, isolamento aqui: Entretanto, ao fim do século XX, as premissas fundadoras do Estado social já tinham caído por terra na Europa em função das crises que geravam. Inúmeras reformas foram promovidas nos países europeus desde a criação da OCDE nos anos 1960 para evitar essas crises socialistas. Mesmo assim, nenhum país reverteu inteiramente ao modelo anterior ao do Estado social, e a Europa hoje continua com resquícios do modelo social-democrata, só que reformado. Meio Avanço!

Enquanto isso, na América Latina, a partir dos anos 1930, abraçamos o Estado social criado por ditadores nacional-socialistas como Vargas, no Brasil, e populistas como Perón, na Argentina. Durante todo o século XX, a América Latina padeceu nas mãos de ditadores e populistas insistindo em fazer seus Estados sociais darem certo, e falhando a cada tentativa. Enquanto a Europa reformava seus Estados e se integrava com políticas públicas sustentáveis a partir do anos 1960, a América Latina se isolava. Alguns países latino-americanos até sucumbiram totalmente ao comunismo, como Cuba, Nicarágua e

Venezuela. Até hoje o sucesso de reformar esses modelos na América Latina foi limitado a algumas exceções, como foi o caso do Chile.

Os socialistas da direita: Anteriormente, mencionei que a direita se viu acuada diante das narrativas e sem opção para fugir do Estado social que se impôs em diversos países. Mas, evitar isso, teria sido necessário coesão ideológica, que a direita nunca teve, ou no mínimo compreensão do plano da esquerda para poder negar seus detalhes. Hoje temos de reconhecer a existência de pelo menos quatro grupos na direita que ajudaram e continuam ajudando na sustentação do nosso Estado social, se quisermos avançar em resolver de fato nosso problema político:

1. **Conservador socialista:** Marx, na sua época, havia descrito esse grupo como "feudal" ou "reacionário", pois era o posicionamento de uma parcela da antiga aristocracia que, segundo ele, oferecia uma falsa visão de socialismo: esse grupo, apesar de ser contra os valores da burguesia, via a saída para as desigualdades nos valores cristãos de bondade, caridade e ajuda voluntária. Marx não queria nada disso, pois mantinha a estrutura tradicional de poder.

    Nos dias atuais a nomenclatura para esse grupo ainda serve, mas com ajustes na definição: hoje esse o grupo acredita em preservar a tradição de costumes, da família e da cultura cristã, mas admite passivamente que o Estado assuma o papel assistencial, que os pilares do Estado social são bons e acredita no almoço grátis. A maior parte da população que se assume de direita está nesse grupo e não conecta crises na economia com o Estado social, também não sabe como o Estado social priva a sociedade de oportunidades, renda, propriedade privada e como isso prejudica as famílias.

2. **Burguês socialista:** na literatura de Marx percebe-se que esse grupo ainda existe e há pouca necessidade de se fazerem atualizações. Esse grupo vê a oferta de serviços públicos de qualidade como algo tangível, sustentável e necessário para aumentar a

qualidade de vida e acalmar demandas sociais, no entanto, não querem o ônus de ter de financiar, muito menos montar serviços alternativos para esse efeito. Tolera o progressismo na Educação e na Cultura, são apátridas e aceitam a agenda política globalista, mas são contra qualquer ruptura que cause instabilidades na economia. É uma falsa elite que se julga moderna e sofisticada por ter mais renda e propriedade. Alguns até escolhem uma causa ou grupo carente de estimação para ajudar diretamente.

Nesse grupo se encontram os que desfrutam dos benefícios do capitalismo como os "Faria Limers" do mercado financeiro e das grandes empresas em geral, assim como todos que os servem, como executivos, gerentes, consultores, economistas, advogados, gestores, a alta classe média urbana e todos com quem convivem nesse meio social, como artistas e filantropos. Eles pagam altos impostos, mas não utilizam serviços públicos nem cobram resultados. Esperam que com bons gestores públicos a utopia do "Estado eficiente" se materialize. Apoiam reformas conservadoras somente quando há uma crise do Estado social: por excesso de corrupção, por excesso de carga tributária ou regulamentações ou quando afetam seu conforto material e seus negócios.

3. **Nacionalistas:** são os patriotas. Esse grupo era ainda nascente na época de Marx e só tomou corpo ao fim da Primeira Guerra Mundial. É um grupo ferrenhamente anticomunista, mas a modalidade mais tradicional de nacionalismo é, infelizmente, socialista. É o nacional-socialismo que defende a estatização de empresas, o trabalhismo e o protecionismo; para esse grupo, o controle do capital, do trabalho, da propriedade e da economia como um todo é uma questão de soberania. Enquanto os nacionalistas cresciam politicamente, os conservadores ficaram apequenados e muitos passaram a apoiar os nacionalistas. A política nacionalista de proteção de soberania sempre vai atrair a ala conservadora da direita e tem de evoluir para não reforçar políticas socialistas de controle interno.

4. **Corporativistas:** esse grupo é mais bem descrito por seu comportamento quando sai prejudicado ou beneficiado por alguma ação do Estado social. Muitos que se acham conservadores de direita o são até que os benefícios que recebem do Estado sejam cortados ou ampliados, e nesse momento percebemos que eles são, na verdade, corporativistas.

Cada grupo tem sua fraqueza: para empresários o ponto fraco são os gastos diretos de governo, os subsídios, as proteções, as isenções e os créditos que possam favorecer um setor ou aquele empresário em específico; para o funcionalismo público, militares e policiais são os salários e benefícios de aposentadoria estatal; para profissionais liberais são serviços contratados por agências do estado, empresas estatais, secretarias e ministérios; para conservadores em geral são os programas sociais, as regras trabalhistas, sistemas "gratuitos" de educação e saúde. Todas essas alavancas são usadas para dividir e dissuadir aqueles que seriam oposição ao Estado social. Todos os corporativistas são tentados a abrir mão do combate ao socialismo quando sua classe social, seu segmento empresarial ou sua categoria trabalhista tem algo a perder ou a ganhar. E os socialistas sabem se aproveitar desse grupo para se reerguer.

Em suma, esses grupos constituem os socialistas na direita que ajudaram a criar e a manter o maior aliado do grupo criminoso que tomou o poder no Brasil. Com o Estado social, o mal do socialismo sempre se regenera, e rápido.

O intuito aqui é apontar como e por que membros da direita apoiaram a criação do contexto socialista atual. Quem sabe alguns se identifiquem com algumas dessas colocações e expurguem o aspecto socialista de dentro de si para que possamos agir de forma mais coesa politicamente.

Mas a jornada não termina com o expurgo do socialista dentro de cada um de nós. Resta-nos responder a questões importantes: por que liberdade e livre iniciativa não coexistem num Estado social? Como sair do socialismo? Essas perguntas serão respondidas no próximo capítulo. Continue a leitura para completar o exorcismo…

BRASILEIRO ADORA BUROCRACIA

Deputado sobe à tribuna, explica um problema vivido por uma parcela da sociedade e advoga a favor de uma solução legislativa. Tudo exposto com fatos, números e argumentos de causa e efeito; 100% dentro da racionalidade. Colocado o projeto a voto, a direita se cala porque não sabe propor uma alternativa, e não quer parecer mesquinha, o Centrão aplaude se fazendo passar por bonzinho e a esquerda se satisfaz vendo que o plano está em curso, o projeto passa unânime e — *voilà!* — uma nova burocracia federal financiada por todos e beneficiando alguns poucos será criada para atender à demanda do segmento. Caso resolvido? Na verdade, acabamos de agravar nosso maior problema.

Eterno regulador: A todo momento nos deparamos com situações em que pedimos por uma nova lei ou regulamento para forçar uma ação coletiva. É muito difícil para o ser humano aceitar uma situação que ele perceba como injusta ou errada sem ter o impulso de criar uma regra para evitar o mesmo erro no futuro. Faz parte do nosso senso de sobrevivência. Mais difícil ainda é aceitar que essa nova regra ou regulamento possa piorar o problema ou criar outros problemas aos que existiam anteriormente.

Aceitamos que o risco de excesso de regras é menor do que o risco de não as ter. Esse aspecto de eternos reguladores acaba fazendo parte da nossa natureza, como citado na obra *O Declínio do Ocidente*, de Oswald Spengler. Com o advento do Estado social, essa natureza foi turbinada. Como? Atendendo ao impulso natural e gradual de regulamentar todos aspectos da vida social.

O primeiro grande passo para sair do funil escorregadio que nos leva inexoravelmente ao socialismo é primeiro determinar se vale atender ao impulso de regulamentar, e em segundo é entender quem deve criar as regras: o Estado ou a sociedade. Diga-se de passagem, os representantes políticos do Brasil nunca se questionam a esse respeito, e a sociedade brasileira não protege seu direito de se autorregular, ou mesmo seu direito de não ter regulamentação alguma.

Estado que governa ou Estado que serve? Algumas vezes costumo propor a todos se fazer a seguinte pergunta: o Estado deve distribuir renda e promover igualdade e justiça social ou garantir liberdades? Pois bem, quem respondeu que é para distribuir renda, promover igualdade e justiça social definiu, querendo ou não, que o Estado é quem governa, e não a sociedade. O Estado distribuidor de renda não aceita as regras da sociedade. Por definição, no Estado social a sociedade é imperfeita e precisa de correção, e quem define como se faz essa correção é o Estado.

O coletivista acredita que o Estado sabe melhor que o povo do que ele precisa e se obriga a construir burocracias para governar. Do ponto de vista do Estado, isso é ótimo, pois gera uma criação de estruturas de controle e de governo para executar a tal missão de justiça social. O resultado invariavelmente é a conquista de mais controle de Estado sobre algum aspecto da vida social ou econômica que antes não tinha. Como igualdade e justiça social raramente são definidos, e portanto inatingíveis, as estruturas se tornam permanentes. Ao se fazer isso, é removida da sociedade a opção de acabar com tais estruturas, que passam a impor, de forma permanente, sua expansão para atingir outra utopia indefinida, a eficiência.

Por outro lado, para os que acreditam que o Estado existe para servir ao cidadão, procede a ideia de que a sociedade é responsável por se autodeterminar e resolver por si só suas aflições. Estamos falando do princípio da subsidiariedade, que afirma que indivíduo e famílias são soberanos. Se eles não conseguem resolver um problema, coletivizam sua demanda para a comunidade, e se essa também for incapaz, convocam-se os governos locais e assim por diante.

Em outras palavras, se o princípio da subsidiariedade for aplicado, o Estado só é relevante onde o indivíduo, a família, a comunidade, enfim, a sociedade se demonstra incapaz. E há muito pouca coisa que as sociedades não conseguem fazer, ou seja, há muito pouco para o Estado fazer.

Os países desenvolvidos têm burocracias mais enxutas, transparentes, eficientes e, o mais importante, temporárias — determinadas, ajustadas e extintas com frequência pela vontade das sociedades. Esses países respeitam, em graus variados, o princípio da subsidiariedade. Em países como o Brasil esse princípio não é regulamentado e, portanto, simplesmente não existe.

O Cavalo de Troia do socialismo, a burocracia: É impossível falar em socialismo sem mencionar o que o torna realidade: a burocracia. No fim do século XIX, o político e sociólogo Max Weber, considerado pai da sociologia e da burocracia, descreve a mudança do Estado tradicional para o Estado moderno calcado no racionalismo da administração pública, substituindo valores e condutas tradicionais.

Weber foi criticado tanto por conservadores tradicionalistas quanto por marxistas. No entanto, foi apoiado por segmentos dessas duas alas. Os conservadores viam na burocracia e no racionalismo uma maneira de manter a ordem, neutralizando a ascensão de autoridades carismáticas — demagogos e populistas. Já os socialistas, viam na burocracia uma maneira de estabelecer o controle do Estado sobre tudo e todos via leis e regulamentos — distanciando o sistema político dos valores da autoridade tradicional.

Weber, em vários trabalhos, criticou a capacidade da aristocracia, da burguesia e do proletariado de racionalizar a vida social e, portanto, de governar o Estado. Por isso, vários segmentos políticos convergiram em apoio à burocracia, com seus "especialistas", em uma forma mais neutra e completa de liderança política.

Os conservadores e liberais que teceram críticas à burocracia, como Mises e Hayek, perceberam o risco de como essa levaria à centralização das políticas públicas e, por não haver limites claros, a burocracia se tornaria uma força governante da população, em vez de ser uma força a serviço da população. O próprio Weber identificou o perigo da infinita racionalização da vida social na busca eterna pela eficiência, já que nenhuma burocracia é perfeita e a sociedade está em constante mudança. Por esse prisma da racionalidade da burocracia, percebe-se que o socialismo se torna inevitável mesmo que governos não socialistas sejam eleitos.

Se há um aspecto constante no Brasil e no mundo é que a burocracia, desde seu surgimento, só cresceu, e no século XXI vemos exatamente o resultado desse efeito no que chamamos de *deep state*, "mecanismo", "sistema" etc.. Essa burocracia surgiu para servir, mas, como não teve limites, cresceu para se tornar governante, limitando opções e até determinando futuras escolhas.

Burocracia eficiente não existe: O crescimento da burocracia foi sempre garantido por meio da racionalização infinita da vida social, mas com o tempo percebeu-se que a burocracia concentra poder e faz surgir um outro fator além da racionalização: a corrupção. As burocracias, desde seu surgimento, foram cooptadas e corrompidas por ideologias e grupos de interesses políticos e econômicos — como uma parasita eternamente vinculada ao seu hospedeiro. Por mais que a burocracia seja criada racionalmente para resolver um problema, a corrupção aparece e cria outros maiores.

No caso do Brasil, a corrupção na burocracia é total, atinge todas as instituições públicas: ministérios, setores diplomáticos, militares, policiais e educacionais; agências reguladoras federais e empresas estatais e mesmo instituições controladas por estados e municípios. A corrupção é o principal fator que impossibilita a burocracia de ser eficiente, pois quanto mais burocracias se criam para combater a corrupção, mais corrupção é criada.

O Estado jamais será eficiente, pois as burocracias são corruptíveis. E como a corrupção não permite que a sociedade possa monitorá-la ou limitá-la, criou-se um sistema corrupto e totalitário. É a racionalidade gerando um sistema irracional.

Como sair dessa? Jogando para a galera: O ideal seria extinguir diversas burocracias, mas mesmo que um líder surja com poder suficiente para fazê-lo, precisaríamos de uma saída institucional — estrutural e permanente. Revisitando Weber e seus seis princípios que regem a burocracia (autoridade e hierarquia, especialização, regras específicas, relações impessoais, seleção formal de empregados, carreira do funcionalismo), percebemos que precisamos evoluir, e rápido.

Com o que expusemos até agora, podemos concluir que o socialismo é mais que um governo, é uma organização, um sistema de Estado. O Estado social é um sistema rígido, baseado em vasta burocracia, planejada centralmente, mas que opera em várias áreas da vida social e em todos os rincões do território nacional. A saída institucional é, além de garantir a soberania popular, inserir novos princípios da burocracia na Constituição para evitar o totalitarismo de Estado. São eles:

1. Toda nova burocracia criada tem de ser referendada pela sociedade;
2. Todo serviço público é temporário e deve ter objetivo, data e prazo de sua extinção;
3. A renovação do serviço público deve ser feita por referendo popular;
4. Todo serviço público poderá ser alterado ou extinto por iniciativa popular;
5. O Poder Federal não pode criar e operar empresa estatal;
6. O Poder Federal não pode criar e operar serviço público;
7. Só os poderes públicos locais (estados e municípios) podem operar serviços públicos;
8. A sociedade pode revogar mandatos de políticos e agentes nomeados da burocracia a qualquer momento.

Os Estados sociais da Europa, em diferentes graus de intensidade, têm esses princípios em seu ordenamento jurídico. Submetendo os serviços públicos abertamente ao julgamento popular, a qualquer momento, eles se tornam mais eficientes e entregam serviços de qualidade, são menos corruptíveis, custam menos para a população e não incorrem em crises como as que vemos nos Estados sociais da América Latina; que são sistemas fechados e extremamente sujeitos a corrupção.

POR QUE O ESTADO SOCIAL É RUIM?

Pelo que foi exposto anteriormente, você já poderá responder a essa pergunta. Ficou claro que Estados sociais fechados, sem soberania popular, são muito, muito piores que os Estados sociais abertos, com soberania popular, pois podem levar ao totalitarismo. Mas para resumir o porquê de o Estado social ser tão ruim, proponho o resumo abaixo:

1. **Ponto de vista jurídico:** o Estado social está sempre em conflito com direitos individuais e dá muito poder a burocratas, juízes e políticos para relativizar e violar os direitos individuais.
2. **Ponto de vista fiscal:** todo Estado social é caracterizado por muitos serviços públicos, o que significa altos impostos, que por sua vez significa menos renda e poupança nas mãos da sociedade. Mesmo assim, gera crises fiscais constantes, transformando todo benefício e bem-estar de hoje em crise futura.
3. **Corrupção e populismo:** o Estado que se propõe a fazer tudo por todos faz populistas prometerem vida boa para todos a todo ciclo eleitoral. E como no modelo proposto o Estado é quem dirige a economia com gastos, desviar recursos torna-se prática comum. O resultado é o pior: altos impostos, desvios e serviços públicos ineficientes.
4. **Atraso no desenvolvimento:** Estados sociais têm muita regulamentação e tributação em vários setores da economia, o que inibe inovação e adoção de novas tecnologias e modelos de negócios. "O que não é regulamentado é proibido", esse é o *modus operandi* da burocracia extrema, e terminamos sempre adotando alguma inovação que aconteceu em outro mercado mais livre, em vez de liderar a criação e implementação de novas ideias.
5. **Planejamento central:** definir política pública, criar planos nacionais e concentrar arrecadação são marcas registradas dos Estados sociais. O Poder Federal nunca saberá atender às idiossincrasias dos municípios, sempre governará para a média e é fórmula garantida do fracasso.

Primeiro passo, abrir o sistema: Os Estados que visam distribuir renda e fazer justiça social são ruins, mas são piores que aqueles que garantem liberdades? Sim, mas essa é uma pergunta a qual só poderemos responder quando discutirmos as alternativas aos pilares do Estado social: previdência, saúde, educação e assistencialismo; e a discussão de cada uma delas exige artigos distintos. O objetivo aqui é definir um primeiro passo, o mais importante: eleger representantes que saibam o que defender para combater o totalitarismo de Estado e colocar o Brasil no mesmo degrau institucional que as nações desenvolvidas. Chega de eleger quem vai reforçar o problema. Compartilhe com seu representante este livro.

Para os leitores mais engajados, sempre é bom lembrar o foco "para o que" se mobilizar e "que tipos de representantes" eleger, mas ainda vejo necessidade formativa de opinião de base. Precisamos projetar um futuro para o nosso país.

E a interferência do STF nos demais Poderes? E o sistema eleitoral? E a corrupção do Congresso Nacional? E a reforma política? Todas essas questões e muitas outras são reflexo do problema central, e continuaremos a tratar delas daqui em diante.

ANTIDEMOCRACIA VERSUS ANTI-INSTITUIÇÃO

O uso do termo "democracia" tem gerado confusão. É preciso definir a terminologia de uso corrente, porque a ideia de que a democracia está relacionada com as instituições é uma percepção totalmente equivocada, se seguirmos a origem da palavra "democracia".

Desde sua origem a democracia sempre foi antagônica às instituições.

A questão-chave para qualquer analista é responder: quem governa, o povo ou as instituições? A resposta, no caso do Brasil, é rápida: as instituições. As instituições públicas são a tentativa de representar o Estado de Direito e as leis. Aquilo que valida, testa, critica, limita, mas está sempre fora das instituições é a vontade popular, o "governo do povo", ou seja, a democracia.

No Brasil, assim como no restante do mundo, a mídia e as próprias instituições estão se denominando "democracia". Quantas vezes nós escutamos "um ataque às instituições é um ataque à democracia!" Não é e nunca será. Explico.

Algumas instituições são mais abertas que outras em atender à vontade popular do momento. Mas nenhuma é, de fato, a vontade popular. Instituições públicas, mesmo as mais transparentes e sensíveis, sempre serão uma instituição, regida por leis e normas, e não pela vontade popular.

Por isso deve haver zelo toda vez que se cria uma instituição pública. Quando a instituição é limitada em seus poderes, está aberta ao debate de suas práticas, é fiel à conduta dentro de seu regimento e age com total transparência, ela é considerada aberta. Para essas até se pode estender o adjetivo de ser mais "democrática", mas mesmo cheia de virtudes, uma instituição aberta não é a democracia.

No entanto, por erro de desenho, corrupção e ideologia dos legisladores ao longo dos últimos 35 anos da nossa Sétima Constituição, criaram-se várias instituições fechadas no Brasil. Desde agências reguladoras do Executivo ao autoempoderamento do Judiciário, essas instituições agem diretamente na população, muitas vezes sem freios, sem transparência e visam representar os interesses de seus agentes. Geralmente são as que recebem mais críticas e são as menos suscetíveis a fazer mudanças.

Em um Estado de Direito moderno, criado nos moldes da civilização ocidental, a vontade popular pode se manifestar a favor ou contra as instituições, seus representantes, suas decisões, assim como se manifesta a favor ou contra parcelas da própria sociedade, desde que siga limites validados por todos e estejam estabelecidos em constituição ou em leis. Os limites criados pelo Estado de Direito moderno é o que viabiliza a democracia.

Esses Estados de Direito modernos têm canais legalizados para fazer mudanças de forma direta, pela vontade popular. Implementaram mecanismos de democracia direta como referendo, plebiscito, iniciativa popular e recall de mandatos. Mas mesmo esses modelos avançados de Estado de Direito sendo extremamente abertos, eles não são a democracia.

E se não temos um Estado de Direito moderno? Pois então, esse é o caso do Brasil. Lembro ao leitor que nossa Constituição contém a passagem que diz: "Todo o poder emana do povo, que o exerce por meio de seus representantes eleitos ou diretamente". O poder do povo por meio de seus representantes está bem definido em constituição e leis (e que necessita de sérios ajustes, diga-se de passagem).

E se o poder está sendo exercido por agentes não eleitos? Qual é a forma de exercer a vontade popular diretamente?

Os artigos, leis e normas que responderiam a essas perguntas não foram criados nos últimos 35 anos e são sistematicamente omitidos do processo de criação da Constituição. É por isso que temos um Estado de Direito imperfeito — termo usado por analistas internacionais — repleto de instituições fechadas, falta de transparência, corrupção, ineficiência e tirania de eleitos e não eleitos.

Como qualificar os atos do dia 8 de janeiro de 2023, em que a mídia e a esquerda mundial proclamaram como sendo atos contra a democracia? Como você deve ter deduzido anteriormente, os atos não foram contra a democracia, e sim contra as instituições. Mas não importa a forma que os defina, foram ruins para a construção da melhor saída.

A violência e o vandalismo não dão legitimidade à real indignação popular que antecedeu os atos e não fazem com que as instituições se tornem mais abertas. Quando não há reivindicações claras para as mudanças necessárias, demonstrações se tornam meros atos de revolta. E mesmo quando há reivindicações e exigências claras, o uso da violência ofusca e tira sua legitimidade. Implícita nessas afirmações está a melhor saída. A vontade popular, a mobilização nacional, a democracia brasileira estão muito bem. São as instituições que não estão.

CHEGA DE CONSTITUIÇÃO SOCIALISTA

As eleições de Portugal em 2024 demonstraram como os cidadãos de lá estão muito mais conscientes do problema constitucional do que nós, brasileiros. O nascente partido Chega, que ganhou mais corpo nesse pleito, já apontou que vai reivindicar mudanças na Constituição Portuguesa.

É possível que o Chega vise a alterações no regime, mas está claro que o kit socialista, que marca o texto constitucional português, deve também ser reformado, seja nas políticas de educação, saúde, previdência ou nas relações de trabalho. Logo no preâmbulo, a Carta Magna Portuguesa afirma claramente seu tom militante que quer preparar Portugal para ser uma sociedade socialista.

Além disso, há todo o tipo de benesse do Estado, e prevalece a visão de Estado social. Mesmo assim, em uma breve comparação entre as duas cartas, a de Portugal e a do Brasil, podemos constatar que há pontos de vantagem da Constituição Portuguesa sobre a Brasileira:

1. Direito à propriedade individual inviolável;
2. Liberdade de expressão é mais garantida e consolidada no texto;
3. Referendo e iniciativa popular regulamentados, o que significa soberania, pois a sociedade pode se expressar diretamente, sem ter que passar por representantes;
4. Sistema parlamentarista: facilita a mudança de governo e a criação de legitimidade representativa. Sem representação majoritária, não há governo e isso possibilita alteração, mesmo em momentos pendulares na política, como o que se vive hoje, em ambos os países;
5. Artigos mais bem organizados. Cada direito fundamental tem um artigo próprio, o que torna mais fácil a leitura e define claramente a natureza e a consequência de cada item, tornando mais difícil o cidadão ter seus direitos violados.

Mesmo com essas qualidades, a Carta Portuguesa precisa de alterações e os portugueses estão mais conscientes disso. Diferentemente do que acontece aqui no Brasil, em que não há nenhum movimento ou partido que falem em mudança constitucional, e apenas um deputado é abertamente a favor de uma revisão completa do texto constitucional brasileiro: o autor deste livro.

Vitória do Centrão: Importante ressaltar que a AD, Aliança Democrática, que seria o Centrão de Portugal, vai ter de acomodar os interesses do Chega, que é um poder de direita expressivo, legítimo e crescente, e pode vetar as iniciativas da AD e comprometer a governabilidade. Em decorrência, não se pode descartar a possibilidade de novas eleições em curto período de tempo, uma vez que a AD pode não atingir a maioria sem o Chega e não cogite se aliar ao Partido Socialista, para evitar desgastes em recolocar o maior perdedor nas eleições de volta na composição do governo. Veremos.

Entretanto, não se pode negar que as eleições em Portugal tiveram um resultado muito positivo. Embora o verdadeiro vencedor tenha sido a AD, correspondente ao Centrão do Brasil, esperamos que esse partido não se comporte como tal.

O segundo ponto positivo foi o aumento da representatividade do Chega, criado em 2019, que saiu de um deputado para mais de quarenta, em um crescimento vertiginoso. O mérito do Chega inclui um perfeito entendimento do problema de Portugal, que é de sistema, e só pode ser enfrentado com mudanças constitucionais. E olhe que já pontuamos anteriormente que a Constituição de Portugal é melhor que a do Brasil em algumas vírgulas, mas, mesmo assim, muito fraca. O Chega reafirma que revisões constitucionais são necessárias para que o país volte a ter um ecossistema livre da ideologia socialista, rancorosa. Vale lembrar que a Constituição de Portugal data de 25 de abril de 1976, dois anos depois da Revolução dos Cravos, e é fruto desse momento político, em que a esquerda assumiu o poder de forma violenta.

Quarta Constituição: A Primeira Constituição de Portugal foi outorgada pelo mesmo D. Pedro I do Brasil, D. Pedro IV de Portugal. Intitulada Constituição Política da Monarquia Portuguesa, sua data é 1838, posterior à do Brasil, que foi de 1824, completando seu bicentenário em 2024.

A segunda já foi no século XX. Depois do assassinato, em 1908, do rei Carlos I e de seu filho, o príncipe d.Luis Filipe, por anarquistas republicanos auxiliados por membros da Carbonária. Os mesmos republicanos firmaram uma constituição em 1911, já com viés revolucionário: além de tornar a república cláusula pétrea, extinguiu todos os títulos nobiliárquicos e chegou a proibir os cidadãos portugueses de aceitar condecorações, mesmo estrangeiras.

A terceira foi no período Salazarista, de 1933 a 1976, em que vigorou o Estado Novo — nada a ver com o Estado Novo brasileiro. Foi uma constituição elaborada por um corpo técnico de professores de direito constitucional, em especial da Universidade de Coimbra, apreciada pelo Conselho Político Nacional e passou por discussões públicas e plebiscito. Esse foi o ponto positivo. Entretanto, o tipo de Estado era uma república corporativa de forma unitária regional, que incorporava as províncias ultramarinas, sabidamente da África, ao ideal de preservar a nação portuguesa "do Minho a Timor". Apesar disso, um Ato Colonial determinava a separação completa dos governos da metrópole e das províncias ultramarinas.

Em 1976, passado 25 de abril, foi firmada a constituição atual, que restituiu o voto direto para presidente, sem, no entanto, mexer no sistema parlamentarista republicano. Revogada a constituição anterior, não houve real ruptura no texto, mas uma série de acréscimos e regulamentações, em que se reforçaram direitos trabalhistas, previdenciários e benefícios assistenciais, dando força ao Estado, mas descentralizando a maioria das decisões nas câmaras locais, o que vigora até hoje.

Será o tempo de uma quinta constituição em Portugal? Notamos que cresce a consciência sobre o tema constitucional. Percebemos também que cada vez mais a ideologia socialista embutida nos artigos das constituições são causa de muitos problemas relacionados com sustentabilidade, ineficiência e corrupção. O partido Chega, apesar de jovem e de ter apoio político ainda em crescimento, tem visão madura sobre esse problema. Quem dera tivéssemos o mesmo aqui no Brasil, e que a experiência na terrinha possa ajudar a conscientizar outros por aqui. A transição para se enfrentar o socialismo na sua raiz constitucional começou... em Portugal.

7.
NOVOS RUMOS

O ESTADO NO CONTEXTO DO SÉCULO XXI

Poucos entendem o que é o Estado e, um grupo menor ainda, acompanha a sua evolução e involução ao longo do tempo. A definição clássica define o Estado como uma nação, suas instituições, seus governos, suas burocracias, todos criados pela sua constituição, que atuam dentro de um território definido. Essa definição continua, mas, como tudo que afetou a política organizada até a criação do Estado moderno, vemos que os conceitos estão sempre em transição.

No século XXI vemos a combinação de fatores importantes motivados pelas evoluções nas telecomunicações, mídia, tecnologia, logística e comércio internacional. São eles:

1. O despertar de uma consciência coletiva jamais testemunhada anteriormente;
2. Uma interligação global, pancultural, igualmente sem precedentes.

Ambos os fatores colocam em xeque as estruturas concebidas em realidades distintas. Alguns Estados sobreviverão aos desafios com facilidade, enquanto outros sucumbirão a eles. O Brasil é um dos Estados que sucumbiu e, por isso, cabe a nós, brasileiros, repensar a formação de nosso Estado de forma mais ampla.

Nesse contexto amplificado, o Estado tem de ser definido como um conjunto de forças políticas que interagem num ecossistema político. Algumas dessas forças são institucionalizadas em constituição, enquanto outras, não. Algumas delas estão contidas dentro de um território, enquanto outras são supranacionais. O reconhecimento dessas forças políticas, sua incorporação no jogo de poder e sua institucionalização pela Constituição são subfatores determinantes de um Estado autoritário ou representativo, estável ou instável, legítimo ou ilegítimo.

O que define um Estado de sucesso? Um Estado de sucesso detém quatro características indissociáveis: reconhece o conjunto de forças políticas que age no seu ecossistema, é blindado contra grupos de interesses políticos e econômicos internos e externos, é promotor de participação e competição política, é garantidor da estabilidade de todo sistema político e é, acima de tudo, impermeável à ditadura. Muitos países do Ocidente que hoje comandam, influenciam e são considerados desenvolvidos atingiram esse estágio, mesmo com imperfeições.

A maioria dos países são Estados imperfeitos: ou são dominados por grupos de interesses que controlam as opções da população; ou são controlados por ditaduras que cerceiam totalmente a participação e a competição política; ou têm baixo grau de institucionalização[1] e sucumbem a populistas, à turba e à desordem; ou estão em constantes rupturas constitucionais por não terem elites capazes de fazer introspecções honestas sobre a natureza da nação e seu rumo no futuro.

No caso do Brasil republicano, o diagnóstico resvala por todos os malefícios descritos acima. O sistema político brasileiro, tal qual definido pela Constituição de 1988, e alterado extensivamente nos últimos trinta anos, é mais uma versão falha de Estado, criado por interesses difusos e não por uma visão comum. A Carta Constitucional de 1988 reflete o intento claro de se impor sobre o território, seus recursos naturais e sua população. É uma constituição que, em vez de garantir liberdades dos cidadãos e limitar o poder do Estado, relativiza direitos fundamentais e permite intervenção do Estado em tudo.

---

1. Grau de institucionalização se refere à legitimidade das instituições, grau de aceitação das instituições pela sociedade, assim como e pelo poder efetivo que elas exercem na garantia da ordem pelos sistemas políticos e pela burocracia.

Consequentemente, por meio do Estado criado pela Constituição de 1988, políticos, burocratas e instituições se tornam agentes de grupos de interesses; populistas conseguem manusear todos aspectos da vida econômica e social controlando as diversas áreas do Estado, usando o poder como moeda de troca para exercer controle político; partidos deixam de ser fruto de parcelas da sociedade e passam a ser resultado das permissões corporativistas do Estado. Insatisfações legítimas da sociedade são relativizadas, desviadas e sufocadas.

O resultado conhecemos bem: instabilidade política; ciclos de crises econômicas; baixo crescimento relativo ao potencial; rupturas constitucionais; baixa legitimidade institucional; política dominada por populistas e oligarquias; falta de justiça; alta corrupção e falta de transparência; patrimonialismo; corporativismo; alto controle de Estado na participação e competição política; ditaduras ocasionais; intervencionismo e totalitarismo de Estado. Foram seis constituições republicanas desde 1889 que resultaram no mesmo quadro.

As mesmas palavras que definem o Brasil do início do século XXI poderiam ser usadas para definir o Brasil no início do século XX.

O Brasil só sai desse ciclo garantidor de mediocridade, com introspecção sobre as forças políticas que agem sobre todos os sistemas políticos, se decidir incorporar e regulamentar algumas delas e se blindar de outras. Mas, para esse efeito, precisamos discutir que forças são essas e como elas agem nos sistemas políticos.

OS 7 PODERES: QUAIS SÃO AS FORÇAS QUE AGEM SOBRE O SISTEMA POLÍTICO?

Há sete forças que são divididas da seguinte forma: três forças são de Estado, três são de governo e uma é da sociedade.

Estado:
1. Chefe de Estado
2. Conselho de Estado
3. Federalismo

Governo:
   4. Legislativo
   5. Executivo
   6. Judiciário

Sociedade:
   7. Soberania popular

Essas forças existem em todos os países de uma forma ou de outra. Nos Estados de Direito mais estáveis de países desenvolvidos essas forças são reconhecidas nas suas constituições, enquanto que em outros elas estão reconhecidas em leis. No caso do Brasil, somente algumas dessas forças estão reconhecidas em constituição de forma efetiva. Para qualquer país que deseje estabilizar seu ecossistema político no século XXI, é essencial reconhecer, incorporar e regulamentar essas forças. Vamos a elas:

O chefe de Estado: Todo sistema tribal tem um líder que representa a chefia da tribo, necessária para representar e preservar a natureza da tribo. É o patriarca ou matriarca, o avô ou avó da família, que observa tudo a distância, sem entrar na briga dos adultos ou na brincadeira das crianças, mas ao mesmo tempo impedindo que ambos não destruam a casa. No Estado tradicional esse líder assumiu o título de rei e no Estado moderno alguns países mantiveram os reis como líderes enquanto outros optaram por presidentes.

O importante é reconhecer a natureza humana em ação, projetando no Estado uma chefia encarnada de todo o sistema. Em outras palavras, o chefe de Estado é uma figura de referência comum nas famílias da sociedade, e ao mesmo tempo é a encarnação do poder do Estado.

Nos sistemas de monarquias parlamentaristas do Ocidente, a função do chefe de Estado é bem nítida. Não exerce poder de governo, mas representa a sociedade de forma atemporal no comando do Estado. Internamente, age como *ombudsman*, a serviço da sociedade contra as perversões e interesses de governos e da burocracia. De forma mais amena, ele equilibra e pacifica as paixões das demais forças que compõem o sistema político. Externamente, por outro lado, o chefe de Estado é uma projeção externa das instituições e da sociedade do país.

Em sistemas parlamentaristas, cujo chefe de Estado eleito é um presidente, suas responsabilidades são as mesmas que a de um monarca, no entanto, ele conta apenas com o voto e, portanto, tem menos fatores legitimadores de seu poder que um monarca. Mesmo assim, tem responsabilidades semelhantes e boa eficácia em garantir estabilidade política e institucional.

Em sistemas presidencialistas, em que o chefe de Estado é também chefe do Poder Executivo, as chances de o sistema político estabilizar são muito pequenas. Ao contrário, a concentração de funções é um grande fator desestabilizador, pois é raro um presidente eleito se portar como estadista e é mais frequente que ele tenha postura de governador. Por isso, em sistemas presidencialistas, o presidente age para que as instituições do Estado o sirvam, não só para governar mais livremente, como para se perpetuar no poder.

Se o reconhecimento da soberania popular é fundamental para a legitimidade das instituições, o reconhecimento da função de chefe de Estado separado da função de chefe do Poder Executivo é fundamental para a estabilidade política do Brasil.

O Conselho de Estado: Assim como em várias tribos indígenas de hoje, da antiguidade e de diversos povos em todos continentes, os anciãos sempre foram uma fonte de sabedoria e temperança. Nos modelos de monarquias tradicionais esse conselho era composto pelos mais velhos da aristocracia, do clero e dos militares. Na maior parte dos modelos mais modernos esse conselho se tornou efêmero ou ocasional — composto por líderes eleitos de outros Poderes em ocasiões emergenciais. Mas sua função como consultor e orientador do chefe de Estado é fundamental para dar mais experiência e perspectiva nos rumos da nação.

Quem seriam os membros do Conselho de Estado do Brasil de hoje? Os melhores seriam diplomatas, militares, juízes, além de economistas e juristas, todos aposentados, mas com experiência na livre iniciativa, assim como na máquina pública, seriam os melhores. De preferência, os mais velhos que não ocupam cargos políticos ou partidários.

No Brasil de hoje o reconhecimento desse poder continua meramente consultivo, mas poderia assumir responsabilidades importantes na falha do chefe de Estado, ou até mesmo para incitar ações dos outros Poderes em circunstâncias específicas.

O federalismo: Muitos entendem que o arranjo político em forma de federação não é uma força, mas sim um mero arranjo. Numa perspectiva física, no entanto, a obstrução que o modelo federativo causa ao fluxo de forças políticas centrais existe e é evidente. Portanto, pode-se dizer que é uma força passiva limitadora das ações das forças centrais. Em outras palavras, o governo central não governa estados, tampouco interfere a seu bel-prazer. Isso procede no Brasil?

Não. Em um modelo federativo de fato o poder central só sugere leis federais e cabe às assembleias dos estados definir se aceitam ou não as regras propostas pelo centro. Para um brasileiro, essa descrição de federalismo é totalmente estranha, mas estranho mesmo é o modelo federalista brasileiro, federalista somente no nome. O Congresso Nacional é que efetivamente governa o país, reduzindo a função e a responsabilidade das assembleias estaduais e municipais, que governam muito menos.

Em modelos federalistas de verdade, como os dos EUA, Canadá, Alemanha, Suíça, Bélgica e Austrália, os estados têm muito mais autonomia que no modelo brasileiro, o que significa que o governo central desses países tem menos impacto e relevância para a qualidade do dia a dia de seus cidadãos que os governos locais. Até países unitários como a França devolvem mais autonomia para algumas de suas províncias que o Poder Federal Brasileiro entrega para seus estados.

A força política que a federação impõe aos sistemas políticos é fenomenal, criando ecossistemas políticos diversos e com distinções mais adequadas às suas realidades regionais. Em modelos federalistas, o planejamento central, item-chave dos modelos comunistas, não vinga e dá uma chance para os eleitores e as empresas encontrarem opções mais favoráveis para viverem dentro do mesmo país. Quanto mais autonomia dos entes federativos, menor é a chance de ditadura.

Reconhecer o federalismo, ou a descentralização, como é na França, como uma força política, é fundamental para a estabilidade de qualquer modelo político.

O Legislativo: Os legisladores estão na Câmara e no Senado. A Câmara é a melhor tentativa de representação da população em toda sua diversidade, enquanto o Senado representa os estados-membros. Há vários problemas no Legislativo de hoje, como a proporcionalidade de votos, determinação de agenda política, previsibilidade de votações. Mas o problema maior é de iniciativa e controle do orçamento. Ao mesmo tempo, a Câmara deve ser a iniciadora das pautas legislativas, pois os mandatos são mais curtos e representam melhor a opinião pública, por isso deveria ter a preferência em iniciar projetos que representam o momento político.

A Câmara deveria também ter o controle das alocações do orçamento. Enquanto o chefe de Estado se encarrega da arrecadação, por meio da Receita Federal, a Câmara deveria ser responsável pelas alocações. Hoje, no modelo presidencialista, o presidente da República faz ambos, arrecadando e determinando os gastos, enquanto o Congresso (Câmara e Senado) aprova, com ajustes. No modelo parlamentarista a separação do poder de quem arrecada (chefe de Estado) e de quem gasta (Parlamento) é muito mais salutar, evitando o "toma lá, dá cá" que destrói a função legislativa. Até o Congresso dos EUA, de modelo presidencialista, tem mais poder para determinar as alocações do orçamento do que aqui, onde impera a concentração de poder.

E o Senado? O Senado, por sua vez, deveria se resguardar para se tornar uma casa revisora das propostas da Câmara, e não tomar a iniciativa de legislar. Deveria qualificar melhor seus quadros, exigindo mais de quem de fato se torna um Senador, para não correr o risco de banalizar os quadros com Senadores despreparados de sua função legislativa.

O Executivo: O líder é o Poder Executivo. Se tomarmos uma tribo como referência, toda tribo pede um líder: um guerreiro, um organizador ou um sábio (idealmente, é claro). No sistema parlamentarista, o melhor líder é aquele que representa a necessidade do momento político. É diferente do poder de chefe de Estado, que se encarrega de representar o país e as instituições. É o que vai implementar o que a sociedade quer que seja feito. A função do líder deve ser definida por aquele que além de eleito com ampla popularidade, seja também aquele capaz de formar maioria no Poder Legislativo perante seus pares e nomear ministros. Por isso o título de primeiro-ministro, ou primeiro dentre os iguais.

Sempre se espera que o primeiro-ministro seja alguém de alto conhecimento, de preferência alguém com a sabedoria de um arconte, como na Grécia Antiga. Mas a triste verdade sobre os líderes políticos dos últimos cem anos é que o líder com sabedoria não é líder com popularidade, e raramente esses dois aspectos se encontram na mesma pessoa.

Como toda ação de agentes públicos, essa só é possível se for determinada em lei anterior. O rigor jurídico imposto sobre qualquer função pública é total. E no tocante à posição de liderança, não é diferente. No Estado de Direito o poder do líder (primeiro-ministro) é limitado por leis, regimentos e outros Poderes. Portanto, qualquer líder de um Estado de Direito precisa conhecer minimamente as leis e o funcionamento do Legislativo, pois esses afetarão sua eficácia. No modelo parlamentarista esse problema é diminuído, pois o Executivo é selecionado pelo Legislativo. Mas não precisa ser de forma indireta. De preferência que seja de forma eletiva direta e que as coalizões partidárias sejam feitas antes das eleições, e não depois. De qualquer forma, não há como definir quem será o primeiro-ministro sem antes ter maioria legislativa para formar governo.

Reconhecer que um país precisa de um líder de governo é natural, e o Brasil reconheceu essa importância escolhendo o modelo presidencialista. No entanto, esse modelo é um exagero e por consequência o pior modelo de liderança devido à extrema concentração de poder e instabilidades. Para o próprio bem do líder e do país, tamanha concentração não faz bem.

O Judiciário: O Poder Judiciário no Brasil precisa de revisão total. A sociedade perdeu referência e, portanto, confiança no que esse poder deve fazer. Na leitura da Constituição de 1988, o leigo terá muito trabalho para visualizar o que está definido na carta constitucional referente a esse poder, mais do que qualquer outro capítulo, tamanha é a complexidade para a qual o Judiciário involuiu. Essa dificuldade impede o cidadão de conhecer esse importante poder, hoje completamente desvirtuado.

Isso dito, o Poder Judiciário precisa ser independente e possuir mecanismos que garantam sua isenção. Trata-se de um poder limitador dos legisladores, pois cabe a ele interpretar se novas regras e leis são ou não constitucionais. Os juízes em Esparta eram fundamentais na condução de guerras e na administração pública. Os *ephorus*, como eram chamados, não só aconselhavam os reis, como também os limitavam e garantiam que as regras de Esparta estariam acima dos ímpetos pessoais dos governantes. Esparta, ao contrário das outras cidades-estado da Grécia antiga, foi o modelo político mais estável e duradouro.

Nos dias de hoje, cientistas políticos do mundo todo avaliam que ter um Estado de Direito é sinônimo de ter um Judiciário independente. Mas sabemos que esse não é o único critério. Judiciários de vários países com sistemas políticos imperfeitos têm assumido uma postura ativista e interventora, deixando de ser corte constitucional passiva e passando a ser assembleia legislativa ativa. Esse fato tem causado instabilidade política, jurídica e econômica. Ou seja, o Poder Judiciário perdeu seus limites, e era isso que garantia a preservação de suas virtudes estabilizadoras. Esse é o caso do Brasil.

A soberania popular: A força da sociedade é a base de todas as demais forças. É a mais visível, a mais poderosa, mas é a que sempre está em segundo plano entre todas as forças políticas. Em alguns casos, trata-se de uma força invisível. No mundo pós-Estado moderno, a vontade popular deixou de ser exercida de forma direta, como era na Grécia Antiga. Atualmente temos a vontade popular canalizada por representantes. Para um grego da Antiguidade, o país mais democrático de hoje seria de fato uma oligarquia, nas mãos de poucos representantes.

Esse foi um dos paradoxos criados pelo Estado moderno, que substituiu o Estado originário das tradições nas monarquias cristãs. Muitos dos países desenvolvidos de hoje perceberam que a democracia representativa é, na verdade, um contrassenso na evolução para o Estado Moderno. Por isso, vários deles criaram mecanismos de democracia direta como referendos, plebiscitos, revogação de mandatos, leis por iniciativa popular e candidaturas independentes.

À medida que se abre o Estado tradicional para participação e competição política, perde-se um pouco do controle do sistema. E quando se abre para a vontade popular de forma direta, pode-se perder totalmente o controle e degenerar para um Estado sob o comando da turba. Surge então a dupla necessidade de legitimar o poder popular exercido de forma direta, mas sem que esse destrua a ordem institucional. Se a população tem a chance de exercer poder diretamente, as instituições passam a ter mais legitimidade.

Estar a qualquer momento *sub judice* popular é o maior fator legitimador das instituições e seus agentes. E o inverso também é verdadeiro: instituições e agentes que não estão abertos ao juízo popular têm baixa legitimidade. Tudo que é público tem de ser transparente, e tudo e todos que exercem poder sobre o povo têm de responder ao povo.

A chave do sucesso do Estado no século XXI é reconhecer a sociedade como força política indivisível e original, não representada, e incluir essa força como legítima para fazer intervenções diretas nas políticas públicas, como forma de fazer valer o princípio da soberania popular.

Reconhecer essas sete forças políticas não é uma sugestão exclusiva para equilibrar e pacificar o sistema político brasileiro. Já é prática em vários países de diferentes formas. Ou seja, funcionam. No caso do Brasil poderíamos inovar mais uma vez, assim como inovamos com a Constituição Imperial de 1824, incorporando essas melhores práticas de organização das forças.

A ÚNICA SAÍDA: SOBERANIA POPULAR

Anteriormente descrevi a origem das forças da esquerda globalista e stalinista que imperam no Brasil. Notem que elas dependem de um poder centralizado, que domina a população de todo o Brasil por Brasília, do centro para as extremidades, de cima para baixo, impondo suas agendas. E, como em toda ditadura, a propaganda, a censura e a perseguição política são fundamentais para a sobrevivência do modelo.

Muitos perguntam "o que fazer para combater essa tirania de Estado e de seus agentes?", e a resposta é: primeiro precisamos saber "o que defender" e depois definiremos o "como". O exposto acima já deixa claro que qualquer mobilização popular precisa agir de forma oposta a essas forças; dos extremos contra o centro, de baixo para cima, da população cobrando representantes.

Não há outra maneira de agir senão em âmbito local, por meio da sociedade civil organizada e sem a dependência de representantes eleitos, sejam eles vereadores, prefeitos, deputados, senadores, governadores ou até mesmo o presidente. Eles precisam ser cobrados e não glorificados. Sem cobrança direta da sociedade organizada nenhum desses representantes será fiel à população e ao país, e se entregará à agenda dos grupos de interesses nacionais e internacionais de Brasília rapidamente. Já vimos essa cena acontecer várias vezes tendo como protagonistas diversos representantes em que confiávamos.

Portanto, não cabe dar mais poder a nenhum representante político ou burocrata, em nenhuma hipótese. Basta.

Mas como reverter a situação, se hoje o sistema é feito para eles controlarem a população? Simples. A sociedade tem de cobrar os atuais representantes para implementar a soberania popular. Enquanto ainda houver eleições, não se pode eleger quem é contra a soberania popular. Mas o que seria ela, afinal?

É um conjunto de mecanismos legais que dão poder à população de forma direta, acima de seus representantes e burocratas. A maioria dos países desenvolvidos, e vários em desenvolvimento, tem algum grau de abertura para interferência direta. Quais são esses mecanismos? Candidatura independente, recall de mandato, iniciativa popular para criar leis, referendos e plebiscitos. Vamos a eles:

Candidaturas independentes: permitir candidaturas independentes é uma maneira de abrir o campo político para uma gama mais ampla de candidatos fora do sistema partidário. A exigência de filiação partidária limita a capacidade dos cidadãos de se apresentarem como candidatos, dá muito poder aos líderes de partido que restringem a competição política e limita a diversidade de pontos de vista representados.

No modelo atual, a candidatura independente funcionaria perfeitamente para cargos majoritários: prefeitos, governadores, senadores e presidente. O candidato protocola um abaixo-assinado sugerindo seu nome, abre mão de financiamento público de campanha, e caso obtenha um mínimo de assinaturas, concorre contra os demais candidatos de partidos.

Esse mecanismo é fundamental para driblar o cartel de partidos que se formou em torno do fundo partidário e fundo eleitoral. A candidatura independente já existe em cinquenta países e embora essa opção ainda não seja permitida no Brasil, há casos de cidadãos que foram à justiça para obter o direito de se candidatar sem estar filiados a um partido, como foi o caso de Rodrigo Mezzomo, que tentou candidatura à prefeitura do Rio de Janeiro em 2016.

Há vários projetos protocolados para implementar esse mecanismo, mas falta maioria de deputados e senadores para aprová-lo.

Recall de mandato: é um referendo convocado pela população para uma nova eleição ou seleção para algum cargo eletivo ou nomeado. Isso mesmo, a população faz um abaixo-assinado e ao atingir um número mínimo, uma nova eleição ou referendo de algum nomeado é automaticamente marcado; sem chance de engavetamento por parte do presidente do Legislativos e sem interferência do Judiciário.

Também conhecido por "recall político", esse dispositivo foi introduzido nos EUA em 1911, copiado da Suíça, para salvar o sistema representativo americano. E funcionou. O primeiro estado a adotar o recall nos EUA foi a Califórnia e, gradualmente, ao longo do século XX, os outros estados o adotaram em suas constituições estaduais, até chegar aos estados mais antigos da Costa Leste. O alto padrão de engajamento da democracia norte-americana de hoje é fruto de cem anos desse dispositivo.

Nos EUA o uso do recall aumentou drasticamente em 2007, quase noventa anos após sua criação, devido à crise econômica ao fim do segundo mandato de George W. Bush. O número de recalls saltou para mais de duzentos por ano, e tem permanecido nesse patamar até hoje. Embora pareça um número alto, é preciso lembrar que o recall é válido para qualquer cargo público eleito ou nomeado: juízes nomeados, prefeitos eleitos e seus nomeados, todos governadores e seus secretários de governo de estado, senadores etc.. De acordo com o *US Census*, em levantamento feito em 2012, havia 519.682 mil oficiais eleitos no país, quase sete vezes mais que no Brasil. Ou seja, o recall atingiu anualmente 0,038% do total eleito. Muito pouco. Mas o efeito moralizador só por existir é monumental.

Diferente do impeachment, a revogação de mandato não depende de processo criminal, com exigências de denúncias, provas e ações legais complexas e custosas. No recall, basta que o eleitorado perca confiança no eleito ou nomeado. Quando isso acontece, um percentual de assinaturas de eleitores indignados é suficiente para convocar nova eleição ou seleção de candidatos para aquele cargo. É o que fizemos na nossa proposta de reforma do Judiciário: depois da seleção do juiz do STF, a escolha vai a referendo popular. Caso a população negue o candidato, uma nova escolha deve ser feita.

Recall de mandato para eleitos e nomeados é o que é certo, e o que temos hoje é o que há de mais errado: é deplorável ver representantes eleitos nomearem não eleitos para cargos vitalícios exercendo um poder draconiano direto sobre a população. Com o recall implementado em tempo, a sociedade precisará escolher representantes para mais postos e os eleitos terão menos postos para qual nomear — ótimo.

O direito de escolher e remover quem exerce poder sobre a coisa pública tem de ser resgatado para a sociedade e o recall de mandatos e de nomeações é o único caminho.

Referendos, plebiscitos e leis por iniciativa popular: permitem que qualquer cidadão possa propor leis ao Congresso Nacional ou assembleias locais. Basta um abaixo-assinado com número mínimo de assinaturas qualificadas, e o projeto pode ser protocolado na mesa da assembleia pertinente para votação. A assembleia não tem escolha: ou ratifica a lei ou a rejeita, podendo sugerir uma alternativa. No caso de a assembleia optar pela rejeição, ou sugestão de alternativa, o tema irá a referendo popular automaticamente para validar ou rejeitar a iniciativa popular.

O referendo é usado para validar uma proposta já feita ou decisão já tomada. O plebiscito é usado para levantar um tema para ser discutido ou para orientar uma tomada de decisão futura. Ambos os mecanismos já deveriam estar regulamentados na nossa constituição para serem engatilhados automaticamente, uma vez que haja qualquer alteração constitucional.

Imagine como seria o processo de discussão e o resultado da votação da reforma tributária caso o Congresso Nacional soubesse que o tema iria automaticamente a referendo popular?! Ou se qualquer nomeação para o STF, STJ, TCU, ANTEL, ANEEL, ANVISA etc. passasse por referendo da população... Certamente todas essas nomeações teriam mais legitimidade e menos desprezo.

Sabe o porquê de a máquina pública de países desenvolvidos ser mais eficiente? Porque há menos corrupção e mais transparência? Porque há mais inovação e evolução dos serviços públicos? Porque há mais juízes que efetivamente julgam um criminoso como tal? Porque há menos abuso de poder? Porque os eleitos representam melhor quem os elegeu? Pois bem, a resposta para isso tudo e muito mais está na existência de mecanismos de soberania popular em ação.

Essa realidade existe há mais século em vários países, funciona e está ao nosso alcance. Certamente muitos que leem este livro acham que isso já existe por aqui, mas, por incrível que pareça, o Brasil não regulamentou esses mecanismos de cidadania na Constituição "Cidadã" de 1988, ensinada como se fosse "sagrada" por várias faculdades de direito!

Então, o que fazer? Primeiro, elaborar e declarar um manifesto expondo esses objetivos, para que membros da sociedade se organizem em torno deles. Segundo, criar um movimento da sociedade para cobrar e pressionar os atuais representantes — deputados federais e senadores — a votarem pela regulamentação desses mecanismos de forma a evitar interferências do Judiciário e do Legislativo nos processos. Terceiro, é necessário incutir o valor desses mecanismos nos próximos deputados e senadores eleitos, o que significa não eleger ninguém que seja contra essas propostas ou que queira alterá-las uma vez que forem criadas. Lembrando que a soberania popular tem de ser protegida em constituição e colocada em prática. E qualquer sugestão de alteração tem de ser referendada pela população; e qualquer alteração não pode nunca dar uma saída fácil aos representantes e à burocracia.

Sabemos que é preciso fazer outras reformas pela transparência eleitoral como a do voto distrital, do sistema partidário e do processo de conferência de votos e assinaturas. Certamente, são temas que seguirão no vácuo do objetivo maior. Mas a ampla adesão aos mecanismos mencionados anteriormente, tanto pela sociedade quanto pelos representantes eleitos, muda toda a dinâmica do sistema político do Brasil; sairemos do lodaçal da tirania de Estado para o estágio da soberania popular.

SETE DE SETEMBRO É O SEU DIA!

Essa é a data de nascimento do brasileiro, de sua identidade como país, e é maior do que qualquer ideologia política ou partido. Um dos aspectos mais vitais do Dia da Independência do Brasil é sua transcendência a tudo e a todos. É o fundamento de nossa grande nação.

Um dos defeitos da psique do brasileiro, gerada pelo sistema de ensino, mídia, artistas e até mesmo nossas famílias é o de sistematicamente negar a legitimidade dos fundamentos históricos que conduziram o país ao estado atual. É fato que apequenar e negar símbolos e heróis, datas e marcos de avanços políticos, econômicos e sociais que ocorreram é método político de enfraquecimento da sociedade.

Também não há dúvida de que nossa evolução como país não foi perfeita, com percalços, conspirações, golpes, atrasos e conflitos. Todavia, poderíamos estar muito melhor do que estamos hoje? Claro que sim! Mas ainda estamos melhor que a maioria das nações do mundo.

Hoje somos uma potência social, cultural, econômica e regional. Por incrível que pareça, temos instituições políticas com mais tradição que muitos países desenvolvidos. Por isso, se há problemas relevantes na nação brasileira, isso inclui não reconhecer quem somos e deixar de exigir nossa própria liderança e de nossos governantes.

Primeiramente, precisamos assumir a posição de líderes. Trata-se de uma exigência para conosco, em nossas famílias e com nossos filhos. Quando o fizermos, tudo vai mudar para melhor. É acreditar para ver. O mundo todo nos considera liderança, exceto nós. Nesse contexto, nosso pior inimigo é o comportamento de servilidade, de coletivismo e de pobreza que domina nossas mentes, corações, e por consequência, afeta nossa representação política há muito tempo.

Chamamos a isso de etos do "inho": cafezinho, churrasquinho, cervejinha, casinha, carrinho, mulherzinha, maridinho etc.. Esse etos, por mais que desarme o interlocutor e "humildifique" o ego coletivo, também é nosso diminutivo como povo, enfraquecendo e tornando as exigências pessoais pequenas, o que fortalece a ação de aventureiros sociopatas corruptos, que prometem mais "inho" para nos manter na condição passiva de sempre.

Essa postura é literalmente inversa ao grande discurso de D. Pedro, ainda príncipe regente, que proclamou com coragem e desapego a Independência do Brasil, nesse mesmo dia, em 1822: "Pelo meu sangue, pela minha honra, pelo meu Deus, juro promover a liberdade do Brasil. Independência ou Morte!".

O grito foi repetido pelos soldados às margens do riacho do Ipiranga, em São Paulo, e ecoa até hoje, não apenas na semana da pátria. Por ter sido plantado como boa semente em solo fértil, germina nos corações e nas mentes do povo. O brado criou uma planta tão enraizada, que por mais que a tentem matar, ela renasce na participação popular e em cada brasileiro que tem a mesma coragem de seus pais fundadores — D. Pedro, D. Leopoldina, D. João VI e José Bonifácio —, que não se intimidaram diante das ameaças de subserviência às cortes portuguesas e de retaliações internacionais. Sair de uma atitude passiva para ativa gera desconforto. O brado da independência foi uma postura contra a servilidade e os benefícios que D. Pedro, D. Leopoldina e José Bonifácio poderiam obter ao simplesmente sucumbir às vontades das cortes portuguesas.

Ao contrário, eles assumiram a liderança e decidiram pela independência. Estavam plenamente conscientes dos desconfortos que isso traria, não só para eles, mas para toda a nação brasileira naquele momento.

O futuro do país como liderança forte, soberana, próspera, influente e livre de ditadores e de corruptos, depende da reconciliação com nossa história — nossos pais e mães do passado —, da nossa consciência de grande missão como povo e nação do futuro e de que tudo isso está ao nosso alcance, pois faz parte de quem somos. O nosso etos do "ão" (do churrascão, do carrão, do jogão, do golaço, do maridão, do mulherão, do "maior e melhor do mundo") também existe dentro de nós e só precisa de um empurrãozinho para se tornar dominante.

Associado ao etos do "ão" vemos os atributos de liderança, força, independência, autossuficiência e autodeterminação que precisamos para exercer nosso destino conjunto. Nos fóruns de política percebemos claramente como o respaldo do comportamento e das exigências da sociedade refletem nas decisões. Esse ponto merece destaque, pois não é uma questão de definir se é o "ovo ou a galinha" que veio primeiro. Nesse caso, causa e consequência são nítidas; a mudança começa na sociedade.

Aos que percebem o Brasil à luz da grandeza que sempre foi, convidamos a celebrar nossa independência em grande estilo. Aos outros, que ainda não veem o país dessa maneira, sugiro pensar sobre tudo o que mencionamos acima e refletir se seu comportamento pode estar afetando sua percepção. Quem sabe o Sete de Setembro possa ser o renascimento de algo muito melhor do que vivemos hoje?

Seja como for, Sete de Setembro é o seu dia. Celebre e comemore. Parabéns a você, brasileiro, é o seu aniversário!

GUIA CONTRA A DITADURA

Têm sido comuns os pedidos de uma receita para reagirmos ao atual estado de exceção que se instalou no Brasil. Posso testemunhar, por experiência própria, os fatos que entre os anos de 2014 a 2016 elevaram as ações de mobilização popular ao patamar de instituição da voz que vem da sociedade. Foram três anos de mobilização constante, focada, pacífica e, acima de tudo, organizada. Antes de dizer o que fazer, gostaria de dar o crédito a quem fez acontecer.

Os movimentos de 2014 tinham várias denominações. E quem eram os expoentes que se mobilizaram e conseguiram que a forma se agigantasse numa oposição praticamente anônima para o grande público? Eram políticos? Não! Eram partidos? Não! A iniciativa, a organização e a liderança partiram de profissionais liberais, executivos, pequenos e grandes empresários, religiosos, aposentados de todos setores, famílias inteiras; pessoas comuns da sociedade civil, inclusive eu, apenas um ativista.

Foi um período de grande despertar. Na época, estávamos todos abrindo um caminho para uma força política que estava entrando no mapa político, uma verdadeira revolução social — foi o nascimento da sociedade civil organizada na política brasileira.

O levante da sociedade civil: Ao contrário dos "movimentos populares", organizados e comandados pelos partidos de esquerda, a sociedade civil não tinha representação política e os diversos movimentos sabiam que não poderiam contar com parlamentares ou burocratas como aliados, afinal eles faziam parte do problema. Também sabiam que a arruaça, a depredação, a queima de pneus, os atos de depravação ou qualquer método violento era típico da esquerda e ninguém dos grupos que se formou tinha perfil criminoso. O caminho certo era o estudo, a organização, a ação coordenada e muita tentativa e erro — demandas em sintonia com o perfil de quem compunha os movimentos.

Compartilhamos vários ensinamentos contidos em livros e vídeos de mobilização pacífica e analisamos os levantes que aconteceram na Ucrânia, na Sérvia e no Egito nos anos anteriores. Discutíamos os movimentos de esquerda, mestres do método de Gramsci, táticas Saul Alinsky e filosofamos sobre os ensinamentos de Olavo de Carvalho. No entanto, na hora de colocar em prática, a ação era influenciada por outro pensador: Gene Sharp.

O caminho de Sharp: Gene Sharp estudou diversos levantes populares contra ditaduras nos últimos duzentos anos e, de forma pragmática, escreveu exaustivamente sobre o tema traçando linhas de ação de fácil compreensão e aplicação. Embora Sharp adote a linguagem da "esquerda democrata", é inegável que as estratégias elaboradas por ele são comuns e transferíveis universalmente na resistência contra as ditaduras. Ele foi um dos muitos autores que estudamos no período que antecedeu o impeachment de Dilma. Sharp morreu aos noventa anos, em 2018, e deixou quatro linhas gerais e estratégicas que resumem os passos para o planejamento de mobilizações, em seu livro *Da Ditadura à democracia*[2]:

---

2. Disponível em: https://bibliot3ca.com/da-ditadura-a-democracia-gene-sharp/#_Toc286766176.

1. *Deve-se fortalecer a própria população oprimida em sua determinação, autoconfiança e habilidades de resistência;*
2. *É preciso fortalecer os grupos sociais e instituições independentes do povo oprimido;*
3. *É preciso criar uma poderosa força interna de resistência;*
4. *Deve-se desenvolver um grande e sábio plano estratégico para a libertação e implementá-lo com habilidade.*

Este último item, em especial, precisa ser retomado. A prática de planejar, organizar e nos mobilizar, com constância, foi responsável por corroer os pilares de apoio ao governo Dilma e legitimou as decisões de impeachment pelo Congresso Nacional em 2016. Deputados e senadores perceberam que não se tratava de um movimento fugaz e que a população não arredaria pé das ruas. Foram necessários três anos para que se atingisse uma maioria que, aproveitando-se de um impasse com o governo, passaram a defender a vontade do povo e fizeram pautar o impeachment.

O nosso caminho: Mas cada experiência é diferente da outra. Nem todas as sugestões de Sharp eram adequadas naquele momento, enquanto que outras, ainda não usadas, seriam adequadas hoje. Com a avaliação da experiência de 2014 a 2016 em contraste com nossa necessidade em 2024, proponho uma lista para a luta contra a ditadura no Brasil nos próximos tempos:

1. **Movimento exclusivo da sociedade:** recorrer a políticos e partidos para ajudar a organizar partidariza e deslegitima o movimento. Para os políticos, há ganho de popularidade, mas pode levar a desgaste e cassação — o que será visto como perda para o movimento. Evite políticos de estimação.
2. **Primeiro passo (objetivos e t**áticas**):** definir claramente o objetivo da mobilização e as táticas para atingi-los. Apoiar ou rejeitar políticas públicas, mudanças constitucionais ou decisões de governantes são aceitáveis. Qualquer ataque a instituições públicas ou a seus agentes, pode ser considerado ato inconstitucional ou ilegal e pode gerar reações que atrasam o movimento.

3. **Tempo:** a maioria das mudanças políticas não vêm de uma só mobilização pontual, portanto os planos têm de prever fases, ter agenda e novas ações.
4. **Foco nas mensagens:** poucas mensagens, coesas, sem variações e sem generalizações; a mensagem tem de ser clara, com resultados mensuráveis (aprovação de um projeto de lei ou mudança constitucional, por exemplo) e com condicionantes em caso de não gerar o resultado esperado.
5. **Foco no alvo:** nomeie um alvo do qual se espera uma reação. Atualmente, por exemplo, acredito que a pressão tenha que ser sobre os políticos mais numerosos e mais fracos: notadamente os parlamentares do Centrão. Eles são maioria, não têm visibilidade em rede social, possuem dependência de recursos públicos para se eleger e sempre traem a população para atender o lado de quem paga mais, isto é, o governo.
6. **Democratizar ao máximo:** os líderes do movimento devem refletir o tipo de liderança que se espera na política e no Estado. Como os ativistas são voluntários, deve-se definir tudo em voto de grupo — todos objetivos e ações a serem seguidas — todas as variáveis de contra-argumentação e reação devem ser previstas.
7. **Limitar oportunistas no movimento:** movimento formado em torno de personalidades cria líderes populistas. O ideal é buscar movimentos cujos líderes não vão se candidatar, pois limitam os oportunistas que querem usar o movimento como plataforma eleitoral ou de promoção pessoal. Isso não significa que os ativistas não possam se candidatar, ao contrário, devem, mas o movimento deve ser o protagonista e não servir à personalidade e ambição dos membros;
8. **Ter resistência, consistência, disciplina, frequência:** não necessariamente nessa ordem, o principal é ter foco no objetivo e na mobilização até que o objetivo seja atingido; manter plano e agenda de futuras mobilizações; criar um mínimo de organização

formal para manter a disciplina do grupo; fazer reuniões de discussão semanal ou, no mínimo, duas vezes por mês.

9. **Lideranças e porta-vozes:** não se enganem — fazer ativismo político é fazer política, só que não de forma eletiva — a política é quem escolhe o político e nem todos que querem ser políticos conseguem. É importante reconhecer lideranças naturais da sociedade para garantir o engajamento de mais pessoas de forma efetiva. Por isso, é uma arte não afastar os poucos com talento que agregam e ao mesmo tempo impedir que os oportunistas comandem o movimento.

10. **Aproveitar notícias:** governo ditatorial não deixa ninguém em paz e está sempre agindo contra algum aspecto da sociedade. Portanto, é preciso aproveitar as notícias ruins que surgem para facilitar a mobilização. Mobilizar sem fato gerador de indignação recente é possível, mas é mais difícil.

11. **Não caluniar ou difamar:** a crítica pública do movimento deve ser sobre o tema, a mensagem ou a decisão de algum opositor, e não ao próprio opositor; nunca sobre a pessoa física, por mais maligna que ela seja.

12. **Publicar de antemão os objetivos da manifestação:** para eliminar ruídos e desinformação pela imprensa, os grupos devem alinhar as mensagens, mesmo que não tenham uniformização da linguagem, e publicá-las em todos os canais possíveis, inclusive na grande mídia, para evitar falsas interpretações.

13. **Coordenar com outros movimentos:** um movimento é que legitima a ação do outro. Isso deve ser feito quase em uníssono, para que reverbere de baixo para cima, da população para o Congresso. Nesse sentido, toda ação é válida, mesmo que pequena.

14. **Ações pequenas valem:** vigílias, passeatas, protestos silenciosos ou com cartazes, mesmo com número reduzido, valem a pena para demonstrar constância entre grandes mobilizações.

15. **Transparência:** sempre registrar e publicar vídeos e fotos de todo o conjunto, todas as ações dos grupos, quem e como ajudam, para que ninguém venha a "expor" o grupo com uma denúncia "reveladora" mais tarde.

Nossa situação: Um seguidor me perguntou no *X* (antigo *Twitter*) o que Gene Sharp diria do Brasil na situação de hoje. Eu respondi que Sharp diria que a sociedade civil brasileira precisa se reorganizar, pois a solução não viria dos sistemas do Estado. Outro seguidor concordou e acrescentou que precisamos fortalecer os "corpos intermediários" capazes de oferecer um "contrapoder" ao poder de Estado. Pois é, estávamos em curso para criar esse poder, mas depois de 2018, e a vitória do Jair Bolsonaro, os movimentos se desmobilizaram sem saber que ainda seriam fundamentais.

Como já pontuei em outros momentos, todo o Estado social brasileiro foi institucionalizado para defender políticas e políticos corruptos e de esquerda. Nesse contexto, Bolsonaro e os políticos de oposição são como um vírus no sistema, e o sistema está fazendo de tudo para expurgá-los. Como vimos, Bolsonaro com um punhado de parlamentares não conseguiu mudar essa realidade institucional, mesmo gozando de ampla popularidade. É porque *popularidade* não é a mesma coisa que *sociedade civil organizada*.

Aliás, são coisas distintas e muitas vezes não relacionadas: é possível fazer mudança política com sociedade civil organizada, mas sem popularidade dos agentes, como vimos na aceitação do teto de gastos e na reforma trabalhista no governo Temer; ao passo que sem sociedade civil organizada, mas com ampla popularidade, vimos a rejeição ou impedimento das leis anticorrupção, das privatizações, da política de armamento, da lei antiterrorismo e outras no governo Bolsonaro.

O que estamos vendo hoje é um governo fraco, sem base política, repleto de quadros criminosos e impopular diante de uma vasta parcela da população, um governo que consegue avançar reduzindo a oposição a uma minoria, comprando o Centrão, que é a maioria, e desmobilizando a sociedade civil pelo medo.

Próximo passo: Na euforia das eleições de 2018, e consequente desmobilização dos movimentos, lembrei de ter comentado algumas vezes em grupos um dos ensinamentos de Gene Sharp que dizia o seguinte: "A mudança de um regime (ou presidente) não traz a utopia. Ao contrário, ela abre o espaço para um longo processo de luta e de mudança política, econômica e social para a erradicação das formas anteriores de injustiças e opressão".

Pois bem, falhei em convencer alguns movimentos a se manterem em pé e atuantes.

Gene Sharp estudou várias ditaduras, a maioria delas eram piores que a nossa e a sociedade civil era mais fraca e limitada. Por isso, se a sociedade se organizar mais seriamente temos chances de promover grandes mudanças e grandes vitórias; quem está lendo este livro sabe que o objetivo é maior do que vencer eleições.

AS CONSAGRAÇÕES DO BRASIL

A história de Portugal, e por consequência, do Brasil, está marcada por eventos sagrados desde sua origem. A independência de Portugal, por exemplo, na batalha de São Mamede, em Guimarães em 1128, por *El-Rey* D. Afonso Henriques, teve como inspiração a aparição e o encontro com Jesus Cristo Crucificado, que profetizou ao rei os grandes feitos que Portugal realizaria por meio dele e de suas gerações. Com Sua graça, o monarca e sua descendência expandiriam a fé e o império do Espírito Santo na Terra. A passagem está minuciosamente descrita nas crônicas de Duarte Galvão e outros cronistas da época, e é o intento fundador da nação portuguesa e de todos os seus territórios ultramarinos.

Desde essa época a fé e a religiosidade foi pano de fundo em diversas batalhas, tragédias e vitórias vividas pelos reis e povos que traçam sua origem na criação de Portugal. Esse vínculo é indissociável em nossa história. Mas, com o tempo, os historiadores passam a descartar as motivações do fato fundador e passam a valorizar mais os aspectos temporais e materiais. Isso acontece especialmente quando os fatos não são relembrados em celebração.

Para um cientista político, que analisa fatos com a frieza do raciocínio, incluir aspectos esotéricos para explicar a história material não faz sentido algum. Mas omitir as motivações que mobilizaram reis e povos em atos que, pelo prisma material, não pareciam racionais, pois embutiam risco de vida e altas chances de fracasso, é faltar com uma parcela relevante da explicação.

Muitos da escola marxista descartam a fé como instrumento de controle material dos povos. Não aceitam a fé como condutor da história e fazem desacreditar que a fé tenha algo a ver com a realidade vivida; reduzindo as evoluções e involuções da humanidade a conflitos entre classes e civilizações — entre oprimidos e opressores. Para esses, o bem e o mal não fazem parte da história, já que a história contada pelos vitoriosos nunca deve ser aceita como sendo toda a história. Argumento típico dos materialistas.

Aceitar que o ser humano tem um lado espiritual que faz parte da sua vida material é relativamente fácil e universal — até para um marxista materialista. Mas entender que a vida material é também uma manifestação do lado espiritual é para os poucos que aceitam e compreendem as interligações dos dois lados.

Os chefes de Estado que compreendem essa interligação realizam atos considerados irracionais pelos materialistas. Mas para os que estão em sintonia com o lado espiritual, é uma demonstração de humildade e coerência.

As metáforas cristãs que envolvem a Sagrada Família, o Menino, o Coração de Jesus, a Virgem Maria e o nascimento de Cristo são as mais fortes. Em diversos momentos da história de Portugal e do Brasil os países foram consagrados por seus líderes às forças da fé que derivam dessas metáforas.

Primeira consagração: Mais de quatrocentos anos após a fundação de Portugal, o Império Português viveu seu pior momento: a União Ibérica, que unificou as coroas na dinastia dos reis espanhóis, que assumiram o poder a partir da crise sucessória que se instalou em Portugal depois da morte do rei D. Sebastião, na batalha de Alcácer Quibir. De 1580 a 1640, Portugal e seus territórios estiveram à mercê do reino espanhol, que não tinha nenhum interesse no seu destino como povo independente.

No Brasil, Antônio Vieira proferiu um de seus famosos sermões em honra a Nossa Senhora da Conceição, em 1635, meses antes de ser ordenado padre. Vieira viria a ser o conselheiro espiritual e político de D. João IV, o Restaurador, em 1641, logo depois de este libertar Portugal do domínio espanhol, recuperando o trono português para a dinastia de Bragança.

É nesse período de entusiasmo que o rei D. João IV, católico devoto e claramente influenciado pelo luso-brasileiro padre Vieira, dá ênfase à defesa da Imaculada Conceição. Faz o voto de que, a partir dele, nenhum outro rei de Portugal vai usar a coroa que não seja Nossa Senhora da Conceição. Consagra a ela seu país e territórios, inclusive o Brasil, em 25 de março de 1646, em Vila Viçosa. Nesse dia, a Igreja celebra a visita do arcanjo São Gabriel a Maria, anunciando que ela seria a mãe do Messias, tão esperado por Israel.

A passagem da consagração também teve a documentação da época: "Ao toque das trombetas e ao rufar dos tambores, teve início o cortejo. À frente vinha o pendão do reino, ostentando as cinco Cruzes e as cinco chagas de Cristo crucificado. Seguiam-se cavaleiros e soldados, abrindo caminho para os prelados, religiosos, e membros da nobreza que conduziam D. João IV ao santuário. Ali, após a Santa Missa, o reino de Portugal foi consagrado à Santíssima Virgem."

Na Bahia, em 1654, o governador-geral do Brasil, D. Jerônimo de Ataíde, mandou fundir uma placa de bronze com o texto da proclamação redigido em latim. Esse foi um ato religioso e também político, pois os reis de Espanha pensariam duas vezes antes de reivindicar a coroa e as terras que estivessem sob o domínio de Nossa Senhora, coroada pelos regentes da casa de Bragança. A ameaça de invasão do território português perdurou décadas após a independência de Portugal, mas nunca se materializou.

Segunda consagração: O Brasil foi pela primeira vez consagrado em 1646, como parte de Portugal, mas nem a Independência revogaria esse voto. D. Pedro I, ao contrário, só o confirmou, consagrando pela segunda vez o país a Nossa Senhora da Conceição Aparecida.

A história registra que D. Pedro I, então príncipe regente, viajando do Rio de Janeiro para São Paulo, no dia 22 de agosto de 1822, prostrou-se aos pés da imagem de Aparecida para pedir sua proteção. A situação política da época o pressionava para que proclamasse a independência. Uma decisão difícil e de profundo impacto. No dia 25 de agosto, três dias depois, D. Pedro rezou no santuário de Nossa Senhora da Penha, zona leste de São Paulo, para pedir o mesmo discernimento. Hoje, Nossa Senhora da Penha é a padroeira da cidade.

D. Pedro I cumpriu sua promessa: o Brasil tornou-se independente sob a proteção de Nossa Senhora Aparecida. Imperatriz perpétua de nossa nação, a ela D. Pedro I consagrou o Brasil, antes da Independência; e com ela ficou a coroa da princesa Isabel, após a Proclamação da República.

Terceira consagração: A mais devota dos Bragança foi D. Isabel, a Redentora, filha de Pedro II e ratificadora da Lei Áurea, que libertou os escravos. Ela foi chefe de Estado diversas vezes na ausência de seu pai. Ela foi responsável pela consagração do Brasil ao sagrado Coração de Jesus.

Também é conhecida a passagem histórica da promessa de D. Isabel em visita ao santuário de Nossa Senhora Aparecida, em 1868. Ela era desejosa por ser mãe, porém, não conseguia engravidar. Se alcançasse a graça de ter um filho, ofereceria um manto a Nossa Senhora. Em sua segunda visita, feita no dia 6 de novembro de 1888, a princesa Isabel ofereceu à santa não apenas um manto, mas uma bela coroa feita de ouro, com rubis e diamantes. Teve três filhos homens; um deles, D. Luíz Maria, foi meu bisavô.

A estátua do Cristo Redentor, considerada uma das sete maravilhas do mundo, na verdade era para ser um monumento à princesa Isabel, a "Redentora", por ocasião da assinatura da Lei Áurea. O projeto foi recusado por ela, pois desejava que o país confirmasse a consagração ao Sagrado Coração de Jesus, por isso D. Isabel pediu que fosse mudado o projeto para a figura de um Cristo de braços abertos, que recebia a todos, de acordo com a piedade cristã.

Quarta consagração: No fim de seu mandato, em 24 de outubro de 2022, o presidente Bolsonaro, na capela do Palácio da Alvorada, voltou a realizar o ato de consagração do Brasil a Nossa Senhora da Conceição Aparecida. A capela, dedicada a Nossa Senhora da Conceição, voltou a ter caráter religioso em 2016, após período em que foi utilizada como escritório. No texto, o presidente pediu, como chefe da nação, que Nossa Senhora fosse a governante do Brasil, pedido semelhante ao da princesa Isabel. A data em que a consagração foi realizada coincide com o Dia de São Rafael Arcanjo, a quem os brasileiros tradicionalmente recorrem nos momentos de maior tensão nacional.

O Brasil é um país abençoado e consagrado às forças espirituais mais poderosas e virtuosas que protegem a humanidade. Vamos relembrar o quanto elas nos conduziram através dos momentos mais difíceis de nossa história coletiva e de nossas histórias individuais e ir adiante, com a confiança dessa proteção.

CONCLUSÃO: FALTA A QUEM SE ENVERGONHAR

Com o novo governo, a sem-vergonhice tomou conta de Brasília. E com ela aumentou o descrédito das instituições de Estado. O governo não tem popularidade, não tem base parlamentar (a não ser a que comprou), não tem plano de segurança, não tem noção básica de economia, não tem gente capacitada ao seu redor, interfere em empresas estatais, apoia e é apoiado por terroristas, narcotraficantes, ditadores e corruptos de toda sorte e está promovendo reformas para centralizar ainda mais o poder nessa turma incapacitada de Brasília; nas mãos de seu grupo de imprestáveis.

O aparelhamento das instituições por camaradas "inempregáveis" garante que essa laia sempre sobreviva, e quando caírem, cairão para cima, no comando de alguma instituição importante.

Por consequência, a nuvem cinza de desgaste que acompanha este governo se alastra em todas as instituições. Todas. Sem exceção. O resultado é óbvio: nenhuma delas hoje tem autoridade moral e jurídica para limitar os danos causados pelo grupo criminoso. O Judiciário, o Itamaraty, a Polícia Federal, as Forças Armadas, a Saúde, a Educação, e as diversas agências reguladoras se tornaram cúmplices, e não limitadoras do desgaste.

Mas isso não é novidade para ninguém. O destaque é válido para apontar um sintoma de algo mais profundo: perdemos as referências da decência. Nada no Brasil de hoje se interessa em preservar a integridade, a boa conduta, a sanidade ou o respeito. Não há líder, grupo, mídia ou instituição pública que represente a decência.

Nesse contexto em que nada representa o que é, foi ou será, a sociedade fica sem bons exemplos de conduta e de comportamentos positivos, e se deteriora em depravação, crime e desordem. É vergonhoso, mas a crise moral é tão grande que nem há a quem se envergonhar. Não há mais aquele grupo de referência que todos respeitavam que aparecia vez ou outra para dizer o que é certo ou errado. Não temos sequer o "para inglês ver", pois ninguém mais se importa — o mundo não está nem aí se o Brasil afundar no próprio lodaçal.

Esse vácuo é, sempre foi e sempre será, da aristocracia — se tivéssemos uma; ao menos uma nova aristocracia que se reconheça como tal e assuma sua função.

Classe opressora ou salvadora? Em grego, aristocracia significa o governo dos melhores. Entende-se seu significado como os mais capacitados e comprometidos com a ideia de proteção do território e cultura daquela sociedade. Assim, a aristocracia nasce do senso de dever e de necessidade de proteção que evoluiu gradualmente da revolução agrícola iniciada há dez mil anos e do senso de propriedade privada e defesa de territórios que acompanhava. Os primeiros aristocratas eram fazendeiros guerreiros, os que protegiam o território, as fazendas e tudo o que gerava alimento e vida contidos ali.

Na Grécia Antiga, os fazendeiros elegiam os arcontes — os mais sábios, que faziam as leis da terra à medida que esta recebia cada vez mais imigrantes. Na República Romana, 500 a.C, os aristocratas eram os fazendeiros que se revoltaram e depuseram os reis etruscos, formando uma nova aristocracia, que depois veio a formar o Senado romano. Portanto, inicialmente, o Senado era composto exclusivamente por aristocratas guerreiros que se levantaram contra seus opressores.

Mais tarde, no Império Romano, temos um aristocrata que veio resgatar a ideia da República Romana, César Augustus, o Otaviano. Sua intenção era restabelecer os mitos, valores e missão dos fundadores da antiga República Romana, e em seu entorno se formou uma nova aristocracia — como ele mesmo se percebia, um defensor.

Assim como ele, há vários exemplos de generais aristocratas que se apresentaram tanto ao longo da história da República Romana, como Cincinato; como do Império Romano, como Sula: aristocratas em defesa de princípios, e não de poder. Não eram corruptos, nem materialistas e todos estavam focados em acabar com a desordem e depravação, para dar continuidade positiva à civilização romana de que faziam parte.

Na Idade Média cristã, o conceito atinge a maturidade com a criação de símbolos que representam essa força de defesa de território, seus governantes e população. Ao fim da Idade Média e na transição para o Estado moderno, os aristocratas ainda eram formados pelo clero, pelas famílias proprietárias de terras e pelas forças armadas.

Entretanto, com o advento do Estado moderno, ocorre a substituição da aristocracia por uma nova força avassaladora: a burocracia. A burocracia do Estado moderno deslocou a aristocracia para fora do poder público e promoveu seus próprios agentes no lugar. E é quando o problema de falta de referência moral começa.

Burocracia não cria aristocracia: Em que pese o fato que a burocracia é composta por seres humanos, a burocracia incentiva a criação de agentes tecnocráticos, anônimos e desvinculados de compromissos com tudo que não seja suas próprias regras — isso inclui crenças, costumes e hábitos da sociedade. Não é um ataque, é uma caracterização. A burocracia é para executar o conjunto e as regras que de fato exerce o poder sobre a população.

Observamos no Brasil a nítida falta de dever moral em todas as instituições que pensávamos ter maior compromisso com o país e hoje não são dignas do respeito por uma expressiva parcela da opinião pública. Certamente não virá delas nenhuma saída para o país.

Não é por menos, a burocracia é um mecanismo do racionalismo de Estado, e não do idealismo da sociedade; ela instrumentaliza seus agentes para agirem em prol dos interesses de seus comandantes e, na ausência deles, das regras que as regem — não necessariamente em favor dos valores do país ou da sociedade.

Ou seja, o que se nota após mais de cem anos de Estado moderno é que a burocracia não cria uma aristocracia, mas sim uma oligarquia com interesses e incentivos próprios. Se é assim agora, imaginem uma burocracia na qual os seres humanos são substituídos pela tecnologia.

Então, onde está a nova aristocracia? É certo que toda população sempre procura se orientar pelos mais sábios, experientes e oriundos da sua mesma realidade. Mas se a aristocracia não está mais no comando das instituições de Estado, onde está? Na sociedade, nos pais e mães, avôs e avós com instintos de defesa aflorado e com plena consciência do problema e de sua missão.

Os países desenvolvidos que passaram por levantes e revoluções há duzentos anos, hoje têm uma sociedade herdeira dos que lutaram no passado. Eles ecoam as conquistas por um regime mais aberto, forjado pelas lutas das sociedades conscientes de seus antepassados.

Sim, todo regime antes conduzido por uma aristocracia pode regredir para uma oligarquia tirânica e cair de seu pedestal de prestígio com muita facilidade. É o que acontece quando a aristocracia se distancia da sua missão de fidelidade para com sua família, seu povo e seu país. É o caso dos reis que padeceram em levantes populares nos últimos trezentos anos na Inglaterra, França e Rússia, dentre outros; todos caíram, pois, tornaram-se um poder opressor, frio e distante, muito similar ao de uma oligarquia.

O que vimos no Brasil nos últimos dez anos foi uma revolução de consciência e conhecimento dos sistemas que nos governam. Essa é a geração que acordou para testemunhar a tirania de Estado que se impõe e opera livremente pela burocracia. Essa é a parcela da sociedade consciente, a nova aristocracia do Brasil. É uma consciência libertadora desvinculada de origem, status, sexo, raça ou condição social e que influencia a quem estiver aberto a ver o óbvio a se levantar e defender o que é certo.

Resumo da ópera: O governo atual é mero reflexo do término de um longo ciclo mais profundo que criou a realidade em que vivemos. É o fim da esquerda que vimos surgir no século XX. Não tem moral, decência nem compromisso com o destino da sociedade brasileira e do Brasil. As propostas do governo estão vencidas, assim como as narrativas socialistas e comunistas que alteraram nossa constituição e criaram as instituições burocráticas que nos comandam e sugam nossa renda, oportunidades e propriedade. Todos não servem mais.

Por sua fraqueza e falta de legitimidade, o governo e seus apoiadores no Judiciário contaminaram todo o sistema político para sobreviver. E perseguir opositores e solidificar seu comando das instituições se tornou fundamental. Mas as rachaduras no sistema de controle já estão visíveis. O que falta para o rompimento é a sociedade se organizar e mobilizar-se; o fruto está maduro.

Como uma nova aristocracia que se conscientizou de sua função de liderança nesse processo de mudança, o objetivo é abrir o sistema, lutar por soberania popular como a primeira semente no caminho para os sete Poderes. Riscos existem, mas a alternativa é pior: o reforço de um sistema ditatorial, alicerçado no narcotráfico e na corrupção.

A consciência traz a visão da realidade em que vivemos e ela impõe uma grande responsabilidade de proteger os pequenos e os desavisados. Os mais indignados dentre esses novos aristocratas sabem que é nesta geração que eles terão o privilégio de lutar pela liberdade.

A LVM também recomenda

LUIZ PHILIPPE DE ORLEANS E BRAGANÇA
COORDENADOR

A LIBERTADORA

Uma Constituição para o Brasil

LVM

As constituições marcam a transição de uma sociedade orgânica para uma institucionalizada. Para Thomas Jefferson e Osvald Spengler, sociedades orgânicas não precisam de constituições, pois estas distanciam o cidadão do governo. No Brasil, a atual Constituição de Estado Social é vista como irrelevante pela população e usada para tirania. Luiz Philippe de Orleans e Bragança, inspirado pela Constituição liberal de 1824 e junto com juristas e especialistas, propõe uma nova constituição mais próxima da população. A Libertadora visa descentralizar o poder do Executivo, reduzir o centralismo de Brasília e aumentar a soberania popular, tornando o Brasil verdadeiramente livre.

A LVM também recomenda

IMPÉRIO DE VERDADES
A HISTÓRIA DA FUNDAÇÃO DO BRASIL CONTADA POR UM MEMBRO DA FAMÍLIA IMPERIAL BRASILEIRA

Luiz Philippe de
ORLEANS E BRAGANÇA

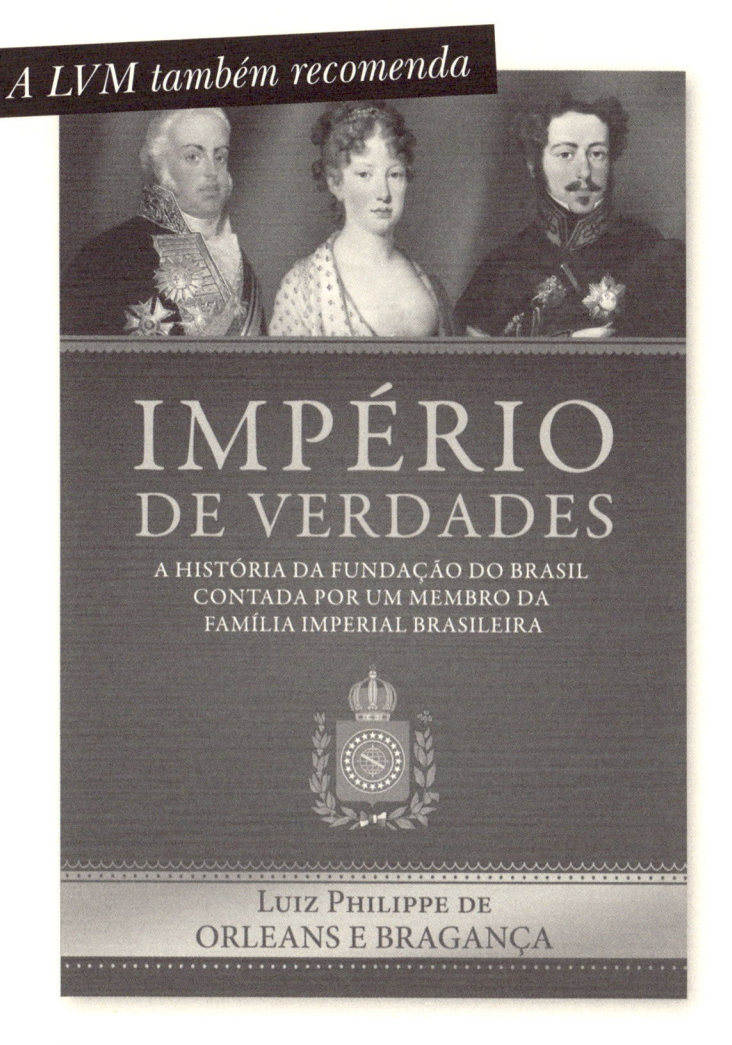

E se muito do que você aprendeu sobre a nação brasileira fosse mentira ou uma interpretação distorcida dos fatos? Quanto você arriscaria pela construção de um país? Heróis de imagens maculadas arriscaram tudo por um Brasil que nem era deles, criando e mantendo um império apesar das adversidades. E se a famosa fuga da corte real para o Brasil em 1807-1808 fosse um plano estratégico, enganando até Napoleão Bonaparte? Sabia que Dom Pedro I enfrentou cancelamento histórico e fake news? Conheceu suas facetas de estudioso, jornalista, musicista e constitucionalista? D. Leopoldina, frequentemente esquecida, é a Matriarca da Independência, ao lado de José Bonifácio. Descubra a verdadeira história de Dom João VI, Dona Leopoldina e Dom Pedro I em *Império de Verdades*, de Luiz Philippe de Orleans e Bragança.

A LVM também recomenda

JULIO GRALHA

OS DIÁRIOS DE DOM PEDRO II NO EGITO

Prefácio de Luiz Philippe de Orleans e Bragança

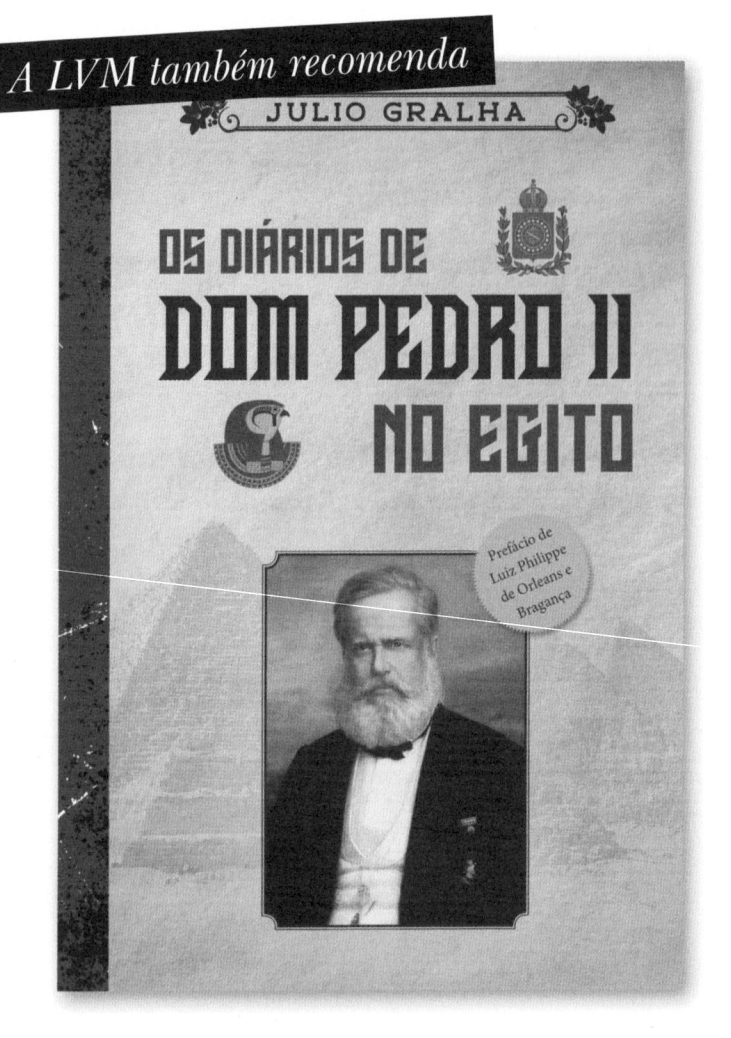

"Pensais nisso, soldados: do alto dessas pirâmides, quarenta séculos vos contemplam", declarou Napoleão Bonaparte na Batalha das Pirâmides. A civilização egípcia sempre despertou admiração por sua religião, pirâmides, esfinges, faraós, múmias e hieróglifos. No século XIX, a arqueologia revelava os mistérios do Egito, atraindo até mesmo o imperador do Brasil, Dom Pedro II. Este homem de ciência e cultura visitou importantes locais históricos no Egito e registrou suas observações em um diário. A partir desses relatos, o egiptólogo Júlio Gralha revela curiosidades e fatos históricos sobre a Egiptologia, ilustrados com fotos das viagens de Dom Pedro II e do próprio Júlio. Uma viagem fascinante através dos tempos: o faraônico e o brasileiro.

A LVM também recomenda

A HISTÓRIA DO BRASIL
pelas suas constituições

RODRIGO SARAIVA MARINHO

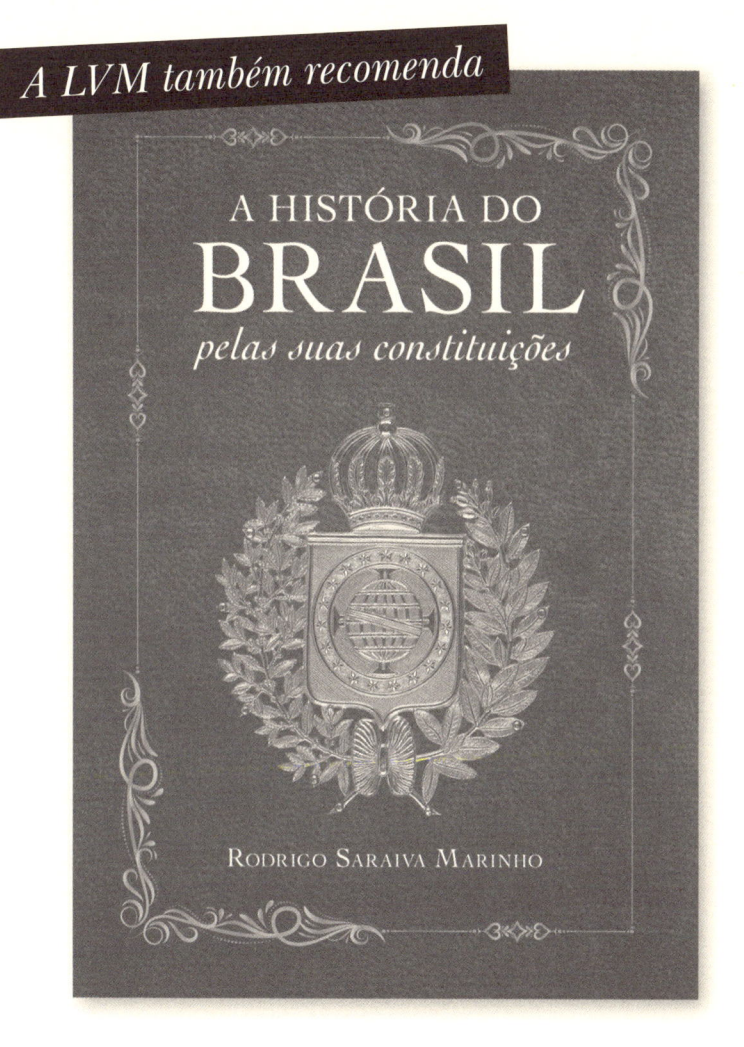

Em *A História do Brasil pelas suas Constituições*, Rodrigo Saraiva Marinho analisa as oito Constituições brasileiras para responder à pergunta "Por que o Brasil não dá certo?". Com uma média de vida de 76 anos, um brasileiro vivencia pelo menos três constituições. O que sabemos sobre essas cartas magnas? Qual foi a mais longa? E a que durou apenas dois anos? Quais são os principais temas e o contexto histórico de cada uma? Este livro explora a história das Constituições do Brasil, destacando a insegurança jurídica e os impactos sociais, monetários, econômicos e políticos das frequentes mudanças na Carta Magna. Marinho espera inspirar os brasileiros a buscarem um marco legal definitivo que promova mais vida, liberdade, propriedade e menos intervenção governamental.

Acompanhe a LVM Editora nas Redes Sociais

 https://www.facebook.com/LVMeditora/

 https://www.instagram.com/lvmeditora/

Esta edição foi preparada pela LVM Editora com
tipografia Baskerville e Montecatini Pro em junho de 2024.